JN065781

読みなおす日本史

親鸞

煩悩具足のほとけ

笠原一男

吉川弘文館

はしがき

親鸞が生まれて今年で八百年目に当る。親鸞が生まれ、そして生きた時代は古代が終焉を告げ、新しい封建時代がはじまろうとする大いなる転換期の時代であった。激しく変わって行くのは政治や社会の世界だけではなかった。それは、思想・宗教・価値観の分野でも急激な変革がおしすすめられた時代である。仏教の世界では、鎌倉仏教六人の開祖が生まれ、それまでの七百年に余るあいだ、公家貴族の手に独占されていた仏（ほとけ）の救いを、はじめて庶民の手の届くところに引きおろした時代であった。日本人の歴史のなかで、庶民を対象とした宗教がはじめて生みだされた時期が鎌倉時代であり、そのなかで最も庶民的な救いの論理を打ちだしたのが親鸞であったといえる。

激動の世に生き、激動の世に苦しむ庶民に、生きる支えをあたえることに念仏者としての全生涯をささげた親鸞が、その後の日本の転換期の時代ごとに強い関心をもたれてきたことは故なしとしない。現代は、そうした意味で親鸞の行動と思想が生きうる条件をそなえた時代でもある。親鸞の行動と思想は、現代に至るまでの八百年の歴史のなかでも、その時代時代にふさわしい視角から数多くの人びとの関心を呼んできた。

親鸞ほど知識・教養・年齢・性別の如何を問わず、多くの人びとから関心をよせられた人も少ない。親鸞への関心は、信仰という立場はいうまでもなく、宗教的・思想的・歴史的様々の分野の人びとから微に入り細をうがった研究が進められてきた。親鸞に関する研究は江戸時代以後、日本の近代百年の歴史のなかで尨大な書物となって、その成果が発表されている。

それにもかかわらず、親鸞について不明な部分は余りにも多い。明治から大正のころにあって、親鸞という人間は実在しなかったのだという、親鸞非実在論が出されたことによっても、そのことは肯ける。しかし、現代において親鸞の存在に疑問をもつ人はいない。それは親鸞に関する基本的史料の発見に待つことが大きい。親鸞研究の史料は明治の段階に比べて量を増したことは事実であるが、絶対的には極めて微々たるものにすぎない。

微々たる史料のなかでも、親鸞の思想に関するものはかなりの数に達する。それ故に親鸞の思想の研究は、幅と深さを加えているが、親鸞の行動に関しては不明のまま残されているというのが現状である。親鸞の九十年間の行動は、点としてしか、わかっていないというのが実情である。この点をつないで線とする時、親鸞の生涯の足跡が辿れるのである。それによれば、親鸞は藤原氏の流れをくむ日野家に生まれ、九歳にして比叡山延暦寺に登り、二十九歳にして他力の念仏者となり京の巷で念仏の布教に全精力を投入した。そして、念仏の布教が激しい故に、三十五歳の時越後の地に配流の身となり、四十二歳の時みずから越後を去って関東に移った。その後四十二歳から六十三歳にいたる二十年間を念仏の布教一つに捧げて関東で過した。そして、六十三歳の時、親鸞はまたまた関東を念仏の布教の縁つきた地として去り、再び京都に帰り、九十歳に至るまで関東に残した念仏者の信心をまもりつづけてその生涯を閉じた。いってみれば、これが親鸞の生涯である。そのような点としての、あるいは線としての親鸞の生涯に肉づけをすることは難しい。

私は、この難しい肉づけを、当時の政治・社会・経済・生活などの背景を利用することによって行なってみようと思っている。いうなれば、歴史家としてなしうる限界まで推察を加えることによって、血の通った親鸞の人生を描いてみたのである。そうした人生のなかで、親鸞は京都・越後・関東の庶民にどのような思想を説いたかを考える場合、私は親鸞をして直接語らせるという方法をとった。その材料として用いたのが『歎異抄』・『末燈鈔』・『和讃』などである。

以上のような私のとらえた親鸞の行動と思想を、当時の生活のなかで少しでも生き生きと理解していただくために、絵巻物をはじめとする絵画を随所に掲げることとした。また親鸞の行動を、時間を追って理解するために、巻末に「親鸞年譜」をつけておいた。そのほか、数々の親鸞研究書のなかから、戦後二十五年間に発表された単行本を選んで、より深く、より多方面から親鸞を知ってみたいと思う方々のために、これも巻末の「あとがき」のなかに記しておいた。

なお、親鸞関係の原史料や絵巻の掲載を許して戴いたそれぞれの所蔵者にたいして記して感謝の意を表する次第である。また、この書物を書くにあたってひとかたならずお世話になった日本放送出版協会の臼居利泰さんに、心からの感謝を申しあげたい。

昭和四十八年三月一日

笠　原　一　男

目　次

Ⅰ　激動の世と親鸞

平家の天下

保元の乱（一一五六年）、その三年後の平治の乱（一一五九年）、この二つの戦乱は公家貴族にとって、時代の終末を知らせる地獄の業火であった。ながいあいだ血と家柄だけがものをいってきた時代が、荒々しい武士の力の前に屈する世の中が訪れようとしているのである。平安時代までの公家貴族の世界は、それぞれの家に出世の終着駅がほぼきまっていた。摂政・関白家には摂政・関白のポストが待っていた。左右大臣家の御曹司には、左右大臣の未来がほのみえていた。そのような時代の仕組みに波風さえたたせないかぎり、公家貴族の世界は安泰そのものにみえた。

しかし、公家の世界の内側には、それ相当の不満が澱んでいた。というのは、暗い未来を背負った家に生まれ落ちた公家の子弟の将来は、惨めなものであったからである。どれほど才能と気力にめぐまれていようとも、王朝の公家貴族の社会を縛っている仕来りを乗りこえることは並大抵のことではなかったからである。そこに生まれた風潮が、公家貴族の世界の無気力と世紀末的自暴自棄の精神であった。そんな社会でも、公家たちにとっては、出来ることなら毀れずに、いつまでもつづいて欲しかったのである。公家たちは、かれらの世界に縁を求めて入りこもうとする他所者(よそ)は、あらゆる手段をこうじて疎外することだけは忘れていなかった。伊勢平氏の頭領の平忠盛が院の昇殿を許された時、公家貴族たちがとった御殿女中にも似たいやがらせなどもその一例といえよう。

このような公家の世界に、他所者が、しかも力ずくで割りこんできた。それが平忠盛の長子清盛であった。平治の乱が終って八年にして、伊勢平氏とさげすまれていた平氏の一門から、平清盛が太政大臣となって公家の世界に君臨してしまったのである。太政大臣といえば、公家たちにしてもめったに手にすることの出来ない位である。平清盛が武士の身で、日本史上初めて太政大臣の位についたのである。公家たちにしては、ほんとうにあっという間の出来事であった。血と家柄が力の前に屈したことをまざまざとみせつけられたのである。

公家の世界に乗りこんできたのは、清盛ひとりだけではなかった。いち度きずいた足場を踏み台にして、平家の一族、縁者が、あの狭苦しい朝廷のなかにどっとなだれ込んできたのである。公家たちがあわてふためいている間に、平家の一族はこぞって朝廷の高位高官を、その手に収めてしまった。それは、まったく一瞬の出来事のように見うけられた。最早、王朝末期の政治を動かす実力者は、上皇でもなく、摂関でもなくなった。平家の一族が、右手に武力を、左手に公家からもぎとった官位をかざして、政治を動かす時代がはじまろうとしているのである。平氏の一族の荘園は国国にあふれ、知行(ちぎょう)国は両手からこぼれ落ちんばかりとなった。かつて民の膏血を栄華を極めた宴(うたげ)の灯(ともしび)とし、百姓の涙の池に竜頭鷁首の船をうかべた公家貴族の生活が、平家の人たちによってくり広げられるのである。そのような事情をまざまざと物語ってくれるのが、『平家物語』のつぎの一節である。

> 吾身の栄花を極るのみならず、一門共に繁昌して、嫡子重盛内大臣の左大将、次男宗盛中納言の右大将、三男知盛三位中将、嫡孫維盛四位少将、すべて一門の公卿十六人、殿上人三十余人、諸国の受領・衛府・諸司、都合六十余人なり。世にはまた人なくぞ見えられける。……殿上の交をだにきらはれし人の子孫にて、禁色・雑袍をゆり、綾羅錦繍を身にまとひ、大臣大将になって、兄弟左右に相並事、末代とはいひながら不思議なりし事どもなり。……日本秋津島は纔に六十六箇国、平家知行の国三十余箇国、既に半国にこえたり、其外荘園田畠いくらといふ数をしらず。綺羅充満して、堂上花の如し。軒騎群集して、門前市をなす。楊州の金・荊州の珠・呉郡の綾・蜀江の錦、七珍万宝一として闕たる事なし。歌堂舞閣の基、魚竜爵馬の翫物、恐らくは、帝闕も仙洞も、是にはすぎしとぞ見えし。

このような平家一族のなかから「平氏にあらざれば人にあらず」といった傍若無人の暴言がはかれたというのも故なしとしない。平家のもつ武力の前に屈した公家たちは、表向きは笑顔で平家の人びとと接しはしたが、心中ひそかに他所者平氏の追放の思いをこらしていた。平家にたいする反感や不満は公家貴族だけではなく、公家の出店ともいえる南都・北嶺の僧たちの間にもたかまっていた。入る陽をも招き返えし、狂瀾を既倒にめぐらすほどの力を誇った平家追い落しの動きが、現実の平家打倒の計画として表面化したのは、清盛が太政大臣になってから十年目の治承元（一一七七）年六月の鹿ヶ谷の陰謀であった。

送り狼

この陰謀の中心は院政を主宰する後白河法皇とその側近新大納言藤原成親・僧西光・俊寛らの院の近臣たちであった。自分たちの政権の軒を貸して、母屋を奪われた平氏にたいする陰謀が、院の近臣たちによってすすめられたのは当然であった。しかし、事は未然にあらわれ、主謀者は死罪、あるいは流罪に処せられ、事は落着したかに見えた。だが、それは表面だけであった。古い権力を奪い去る成り上り者としての平氏をそのままにしておくほど、公家貴族たちは諦めはよくなかった。鹿ヶ谷の事件以後、平家の自己防衛の体制が強化されればされるほど、公家側の平氏にたいする不満と反撥は強まっていった。

鹿ヶ谷の事件から三年後、治承四（一一八〇）年四月、再度の平氏打倒の動きがはじまった。後白河法皇の第二皇子以仁王（もちひと）の令旨（りようじ）が全国の源氏の武士や僧兵などに発せられたのである。王朝貴族のなかに割りこんだ不純分子平氏の一族の剔（てき）出手術である。源氏の武士は以仁王の呼びかけに、はじめはためらいを感じながらも動きはじめた。だが、以仁王が平氏の討手をもちこたえるのには間にあわなかった。以仁王が敗死したころ、ようやく源氏の武士たちが、真正面切って反平氏の旗をあげた。この段階になると、院の近臣や皇子が、公家の手に古代政権を奪い返えす目的の平氏打倒の戦いは、大きくその方向を変えはじめていた。

時代の歯車は大きく、しかも激しく新しい時代、武士の時代へと音をたてて回わりはじめていた。武士たちは、公家政権の番犬になったり、あわよくば公家貴族の仲間に加えてもらうために、忠勤をはげむといった戦いから、自分たちが公家政権と張りあうような政権樹立を目的とした方向が、しだいに自覚されはじめたのである。そうした人びとの代表が源頼朝の動きに如実に現われている。源頼朝が以仁王の令旨をうけて立ちあがったのは、治承四年も八月に入ってからであった。頼朝と平氏との戦いは関東の地で始められたが、頼朝は一敗地にまみれ安房国にのがれた。やがて軍を立て直して平家の主力を富士川に敗ってからは、頼朝の勢力は破竹の勢をもって伸びていった。平氏の息の根を絶つべく京都に軍を進めた頼朝の弟義経は、五年にわたる戦いの後、文治元（一一八五）年三月、平家の一族を壇の浦に葬り去った。

その間、すでに関東の鎌倉には日本の歴史はじまって以来最初の武家の政権、鎌倉幕府が幕を開き、着々と政治の機構を整えていた。公家たちにとって、平家疎外の戦いは、予想もしなかった公家の対抗政権を生み落す助産婦役を果してしまったわけである。源頼朝は、公家たちにとって送り狼であった。鎌倉幕府はその後、政治・経済などあらゆる面での発言権を強め、ひとつひとつ力を背景として公家政権から様々な権限を奪いとっていった。その最たるものが、当時の公家貴族にとって最大の収入源であった荘園のなかに、幕府の御家人を地頭として送り込むことであった。それは早くも平家滅亡の年に実行に移された。また、諸国に守護を置いて治安維持の権限を武家の一手に収めたのも、文治元年十一月の地頭設置と同じ月であった。

そのころ、独立国の観を呈していた奥州の藤原泰衡を討ち滅したのが文治五（一一八九）年九月であった。そして、頼朝が、待つこと久しい征夷大将軍の職に任ぜられたのが後白河法皇の没後四ヵ月目の建久三（一一九二）年七月であった。ここに新しい政権、鎌倉幕府は名実共に整ったのである。そして、平安時代から鎌倉時代、古代から封建時代、公家の世から武士の世への転換が大幅な歩調で進められていった。保元の乱から数えて三十五年、治承四年の平家打倒の動きの時から数えてわずか十一年目にすぎない。平安時代四百年、奈良時代を含めて約五百年の公家政権は、ここに崩壊の道をまっしぐらに辿って行くのである。

しかし、公家貴族の巻き返しが、その後絶無であったわけではない。折にふれて政治的術策を弄しての公家側からの巻き返しが、波状的に鎌倉幕府をおそった。生まれたばかりで不安定な武家政権は、一歩後退を余儀なくされたことも、一再ではなかった。そうしたなかに武力による公家側の最後の反撃が、承久三（一二二一）年五月、承久の乱となって火を吹いた。結果は既に決まっていたようなものである。この反撃が効を奏するくらいなら、鎌倉幕府は誕生していなかったであろう。果して、二十日余にして公家側は決定的な敗北を喫した。以後の鎌倉時代の歴史は、新しい武家の政権によって運営されてゆく。

激しく様相を変えたのは政治や社会の面だけではなかった。行き詰まっていたのは公家貴族の世界だけではなかった。仏教の世界にも政治や社会と同じような、大いなる変革を必要とする情勢がみなぎっていた。

仏教の世界

日本の仏教は六世紀の半ばごろ、大和朝廷の為政者たちによって受けいれられた。それ以後、飛鳥時代をへて奈良時代にいたるころには、日本の政治を運営する天皇を中心とした公家貴族たちにとって、欠くことの出来ない価値基準となったのが仏教であった。仏教が、政治権力者とのあいだに、王法仏法車の両輪という関係を動かし難いまでに確立してしまったのが奈良時代であった。仏教は、政治権力と持ちつ持たれつ相互依存の関係をたもちながら、その後の時代を生きてゆくこととなった。しかし、王法仏法の対等の関係は表面だけのものともいえる実情をかかえていた。いうなれば、日本の仏教は、政治権力にたいしては忠実な下僕の役割りを担い、これを果していたかにみえた。仏教は、天皇を中心とする公家貴族たちの国家の公務員的立場を強制されていたのである。奈良時代を政治の面から見れば、律令政治ということができる。法律・制度によって隅々にまで規定された社会が奈良時代であった。国家公務員的立場におかれた奈良仏教の僧侶は公務員法、つまり律令によって生活のすべてを縛られていた。奈良仏教の僧侶の生活を律したのが、僧尼令であった。

そうした生活条件のもとで、奈良仏教の僧侶たちは、自己の役割りを完遂するために、学問と修行に打ちこんだ。そこには、数々の名僧・知識が生まれ、それなりに仏教は華かな時代を迎えた。僧侶たちは、自分たちがつみあげた修行の成果をふまえて、国家のため、公家貴族のために、政権の安泰と繁栄を祈ることを使命と感じて、生きていった。

そして、時代は奈良時代から平安時代に変ることとなった。そのころには、奈良仏教は為政者たちにとって、経済的に重いお荷物と感じられはじめた。為政者たちは奈良仏教との関係を、これ以上深めることを警戒しはじめるようにさえなっていた。だからといって、仏教そのものを嫌いになったわけではなかった。最早、古代貴族は仏教なしには生きることも、死ぬこともできないほどに、彼らの生活のなかに仏教を土着化させてしまったのである。奈良時代の為政者が、都を京都に移し、新しい時代が幕をあげた時、奈良仏教は奈良の都に置き去りにされた。

しかし、その時にはすでに公家貴族には、新しい仏教が用意されていた。それが最澄・空海による天台・真言の二つの仏教であった。平安貴族たちは、天台・真言の二つの仏教に支えられつつ、平安時代四百年の歴史を生きてゆくのである。平安時代においても、国家と仏教、貴族と仏教との関係は、奈良時代に勝るとも劣ることなく深まっていた。平安仏教は、朝廷とむすび、貴族個人とむすんで、いわば天皇や貴族の氏寺的性格を色濃くしながら繁栄していった。平安仏教といえども、公家貴族の国家の安泰と繁栄を祈ることが最大の使命であり、役割りであったことに変わりはなかった。

平安時代にあって、奈良・平安の諸仏教は国家のため、貴族のために祈ることによって、数々の代償をあたえられた。その最たるものが土地、つまり荘園であった。平安時代も半ばをすぎたころには、奈良や京都の大寺院は公家貴族をはるかにしのぐほどの大荘園領主にのし上っていた。奈良仏教の寺院が、かつては国家の財政的援助に全面的に依存していたのと変わって、平安時代の寺院は祈禱によって手にした荘園からの収入で、寺院と僧侶の生活を十二分に維持できるようになった。仏教はここにいたって、そのパトロンから経済的な独立をかちとったといえる。そうなると古代仏教は従順な公務員、おとなしい飼犬的立場から脱して、独自の行動をとるようになった。気にくわぬことがあれば、主人にかみつくことも辞さない態度もちらつきはじめた。だからといって、仏法の王法からの絶縁などということは夢にも考えられなかった。王法と仏法は二重三重の利害でむすびつけられていた。王法と仏法は全く一心同体の観を呈するようになったのも平安時代のことであった。そのような王法と仏法の関係を、もう一歩おしすすめるうえに大きな意味をもったのが、皇族・貴族の子弟の仏教界への大量進出であった。王法と仏法の結び付きを、血の紐帯で強化したのである。

平安時代の半ばごろには、古代仏教の大寺院は公家貴族の子弟の最大の就職先となってしまった。膨大な荘園をようする寺院が皇族や公家貴族の子弟たちが生涯をゆだねる安心のおける場であったからである。仏教の世界に身を投ずる公家貴族の子弟のすべてが、仏道を極めるため、悟りを得るためだなどと考える必要はない。狭隘な朝廷という職場にあぶれた公家貴族の二、三男たちの行くべきところは、大寺院よりほかなかった。

いっぽう、寺院側にも、皇族や貴族の子弟を歓迎する理由が多かった。公の祈禱の注文をとったり、有力貴族との結び付きを強化することは、寺院にとって重要な問題であった。そのためにも、有力貴族の子弟を自分の寺に迎えることは、願ってもないことであった。そのような事情のなかに、平安時代の寺院は、公家貴族の子弟で身動きならぬ有様となった。平安時代の仏教の性格が、どの角度から見ても貴族仏教の名にふさわしいものとなったのもむべなるかなである。このような古代仏教を一口で評価した時、国家仏教・貴族仏教・学問仏教・祈禱仏教・伽藍仏教・自力仏教などの言葉で表現することができる。古代仏教が以上のような性格を全身にまとった時、古代仏教は急速に沈滞への道を辿って行くことになった。

仏教のゆきづまり

貴族社会からなだれこんだ人びとは、仏教の世界においても、貴族僧といった立場が約束された。貴族社会にあっての家柄や、官位の高い家に生まれた者ほど、仏教の世界においても僧位僧官の昇進は速かった。貴族出身の僧は、仏教の世界における幹部候補生であった。身分の低い家から入寺した僧たちが、十年、二十年、三十年の研修・学問の末に、やっとのことで手に入れることのできる高位高官を、年端もゆかぬ若僧が実家の家柄一つを条件として手にすることが出来たのである。気がついた時には、仏教の世界の上層部は貴族出身の僧の集団が厚い壁となっておおいかぶさっていた。しかも、貴族僧の多くは、仏道を心から求めるのではなく、公家の社会で生きられなかった生活の場を仏教の世界に求めて入山してきた人びとである。そこにあるものは、高位高官をめぐっての激しい、しかも醜い争いであり、そこに生まれるものは煩悩に身を焼く哀歓の姿であった。

栄達という希望を貴族僧に摘みとられた多くの僧たちは、なかば自暴と自棄も加わって、仏教の世界は沈滞から荒廃へ、腐敗から堕落への道をまっしぐらに転ろげ落ちてゆくのである。仏教の世界は、まさに公家貴族の社会がそのままここに横すべりしたような世界となった。公家社会の出店、それが平安時代の仏教の世界といっても過言ではなかった。仏教の世界を厚くおおっている風潮は澱んだ血、つまり家柄がすべてを決することであった。当然のなりゆきとして、無気力と怠惰と荒廃が僧たちの心を蝕ばんでいった。さまざまな欲望を中にはさんで、縦横十文字の対立と相剋が渦巻く巷と化したのが、平安時代の仏教界でもあった。幹部候補僧＝学侶と下士官僧どまりの堂衆が対立していた。将来への夢と希望をうち砕かれた堂衆のなかには、僧兵へと変身し、俗人も目をおおうほどの俗悪な煩悩を追い求める日日を、聖なるはずの山で送る者も少なくなかった。

まさに、仏教の社会は公家社会と並行して行き詰まりに苦悩しなければならなくなった。しかもその苦悩を苦悩とも感じなくなっているものが増えていった。こうした仏教のゆきづまりを物語る事実は多く残されている。

元暦二（一一八五）年の四十五箇条起請文が京都郊外の神護寺に残されている。そこでは四十五ヵ条にわたって寺での生活のなかの禁止事項が列記されている。それも神仏に誓う形で列挙されているのである。寺の権威をかさにきて他人の田畠や財産を横領してはならない。さまざまな官職を手に入れるためや、訴訟などにさいして、公私のコネクションを利用してはならない。寺の大事以外に、私のために刀杖甲冑をつけて武力行動にでてはならない。僧侶が美服をまとってはならない。寺中において博奕（ばくち）をしてはならない。寺内において夜中、女人を宿泊させてはならない。大門の中へ鳥魚五辛などを持ちこんではならない。等々の禁令がかかげられているのである。禁令が出されるという現実の背後には、そうした行為が目に余るほどに行なわれているという神護寺内部の現状を忘れてはならない。しかも、この起請文の形をとっての禁令が発せられたのが十二世紀の末ごろである。鎌倉時代も初期にぞくするころである。古代仏教も堕落と腐敗の色を濃くしたものである。

真に仏道を求める僧たちが、その目的をとげるためには、仏教界を去らねばならなくなったのも故なしとしない。仏教の世界は俗界そのものの様相を呈してきたのである。出家の再出家つまり遁世は俗世をのがれることでなく、仏教の世界をのがれることとなったのである。それが求道の道となったのである。このような遁世すらも時代を追って影を薄くしていった。鎌倉時代の無住一円は仏法の世界の堕落について、遁世になぞらえて、遁世の遁の字をあらためて「貪世」と書けと、その著『沙石集』につぎのようにしるしている。

古の遁世の人は、仏法に心を染め、世間の万事を忘る。近代は世間の名利を忘れずして、仏法は廃（すた）るにこそ。かゝるまゝに、遁世の名のみありて、遁世のまことなし。世にありては人にも知られず名利もなき人、遁世の門に入りては、中々名も利もあるまゝに、必ずしも道心あらね共、唯渡世のために遁世する人、再々に多く見え侍るにや。されば当世は、遁世の字を改めて、貪世と書くべきにや。此の心を思ひつはべり。

この文章につづいて無住一円はさらに「遁世の遁は時代に書きかへん　昔は遁る今は貪る」の一首をそえている。もちろん遁世を貪世とおきかえなければならない僧たちは、平安時代以来腐敗の道をあゆんできた旧い仏教の世界に安住している人びとのことであった。

また、『一言芳談』という書物にも仏教の堕落を「昔の上人は一期道心の有るなきを沙汰しき。次の上人は法文を相談す。当世の上人は合戦物語云々」と記している。世がくだれば、過去の時代のことはよく思えるらしい。古い時代の僧は一生の間仏道を求めるにはどうすればよいかを語りあった。世がくだるにつれて求道よりも学問としての仏教の話をするようになった。当世、つまり平安時代末期から鎌倉時代にかけての僧は、道心にはおよびもないが、法文にすらも関心をもたず、もっぱら合戦の話に華を咲かせる有様だと歎いている。つぎも古代仏教の世界についての話しである。

歌聖としてその名を知られた藤原定家の日記に『明月記』という日記が残っている。寛喜元（一二二九）年のところに、当時の比叡山延暦寺の僧侶の生活について「妻子をもち、金貸しをして富裕になる者、悪事をおこなう者などが山門に充満している」と記している。仏道修行と無縁ともいえる公家貴族出身の僧たちに旧い仏教教団がおおいつくされたとあっては、仏教界の内部が俗界にも恥しいような状態になってゆくのも当然のことである。

旧い仏教内部における無気力・腐敗・堕落・荒廃などは、まだ世間への誤魔化しは可能であろう。誤魔化しようのないのが、南都・北嶺などの悪僧の行なう強訴（ごうそ）や蜂起の行動である。彼らの力に訴えての強訴は都の人びとを驚ろかした。しかし、彼らの求めるものは信仰をまもるためではなかった。そこにみられるものは、寺院相互の権力争いであり、荘園や末寺の利益をめぐる醜い争いであった。さらに僧侶の官位をめぐる叙位・叙任への不満の爆発であった。奈良・京都の大寺院の僧は強訴を日常茶飯事と思っていたほどである。その際、興福寺の僧徒は春日神社の神木を動座し、熊野の大衆は神輿を奉じ、叡山の僧兵は日吉神社の神輿をかついで、公家貴族に迫まり、その野望をとげようとした。こうした動きは平安時代末期ともなれば急激に数を増してゆく。そのたびごとに、見る者の顔をしかめさせたのである。

まさに仏教の世界は、公家社会と全く同じように、救い難いまでに行き詰まりを見せていた。公家貴族の出店としての性格を旧い仏教の幹部がもってしまった時から、このような未来は予測されたといってよい。

こうした古代仏教にたいして、追い打ちをかけ、古代仏教の存在そのものを根底からゆさぶるような思想が、平安時代の中頃から、ようやく現実の問題として、当時の人びとの心を締めつけてきた。それが末法思想であり、末法の世の到来という歴史の厳しい現実であった。

末法の世来たる

末法思想というのは、一口にいえば仏教の未来にたいする予言の思想である。仏教では釈尊入滅以後の仏教の姿について、三つの時期にわけて予言をしている。正法の時代、像法の時代、そして末法の時代である。正像末三時の思想ともいう。正法の世は釈尊入滅後五百年または千年の間をいい、教と行と証が共にそろっている時代という。釈尊の教えの数数が存し、それを行ずる人もおり、しかも証が十分にあらわれる時代、いうなれば仏教の黄金時代でもある。時間がすすみ、正法の世が終わると像法の世となる。像法の世も五百年または千年つづくという。この時代は教は存在するが、それを修する者があっても、証のあらわれることの少ない時代であるという。たとえて見れば、仏教にとって銅の時代ともいうことが出来よう。この像法の世が終った時から末法の世がはじまる。

末法の世は教だけが残っていて、これを行ずる人もなく、まして証など全くあらわれることのない、絶望の時代であるという。

しかも、末法の世は万年、いわば永久につづくという。末法の世となれば既存の仏法は次第に力を失ない、仏法が滅び去るという。仏教にとって最も悲観すべき世が仏教の未来に待ちうけているわけである。それだけでなく、末法の世ともなれば人間関係も絶望すべき状態となるという。そこでは、天災地変があいついでおこり、生きるために必要な衣食住を支える資財はしだいに影をひそめる。そのうえ戦乱・闘争・盗火の難はあいついでおこり、人間の生命の安全などまったく保証できない世の中が、末法の世に訪ずれるという。また人間は、さまざまな悪見をいだき、貪・瞋などの欲望をしきりにおこし、争いをこととするようになるという。

俗世間に生きる人間が、このような醜い争いを繰り広げることはまだ肯けるが、それは仏法の世界にもおよぶという。僧侶は修行など忘れ去り、破戒の行ないをこととし、婦妾を蓄わえ、子を生ませ、金銭をたくわえ、商売にうき身をやつす状態となる。まじめな修行者など全く見られなくなるといった予言が末法の世には実現するというのである。末法思想を信ずるかぎり、末法の世こそ、人間にとって仏の救いが最も必要な時である。にもかかわらず、仏法湮滅するというのである。もし、末法の予言が現実におこるとするならば、仏法に生きる支えを求めてきた人びとの不安は、末法の世が近づくにつれて深刻の度を加えることは当然である。

では、当時の人びとは、この恐るべき末法の世は、何時訪ずれると信じたのであろうか。正法・像法の期間についての考え方はいろいろあったが、平安時代の人びとが信じた正・像二時の期間は、合せて二千年という見方であった。釈尊入滅後二千年にして世は末法に入るのだと信じていた。その二千年という決定的時点を、平安時代の人びとは永承七（一〇五二）年と信じていた。十一世紀の半ごろといえば、藤原氏の一族が栄華を誇った生活をつづけていたころである。摂関政治のピークの時代であり、御堂関白藤原道長の子宇治の関白藤原頼通が関白の職について三十五年目の年であった。こともあろうに、この年、世は末法に入ったのである。それ以後の平安時代の人びとは、政治・社会・

自然等々の世界に起る悲観的な出来事の原因のすべてを、末法の故と考えるようになった。それほどに末法思想は王朝の人びとの心の奥底に浸透していたのである。

しかも、平安中期から末期にかけての世相は、すべてが末法思想の予言に、一つ一つが符合するといった感じをあたえたのである。政治の世界では藤原氏の勢力が衰えを見せ、地方官出身の受領たちが上皇を奉じて院政の勢力を大幅に伸して来ている。それに加えて、いままでは問題にさえしなかった武士の力も巨大な姿に変わり、いい知れぬ不安を公家貴族全体にあたえはじめたのである。その行きつくところが、保元・平治の乱を境とする平家の一族による公家政権の乗っとりであった。驕る平家も、余りにも短い運命のもとに、源氏のために政権の座はおろか、一族の存在すらこの世から抹殺されてしまった。目まぐるしい時代の変転は、ほんとうにあっという間にくり広げられていったのである。そして、政治の世界に誕生したのが、公家貴族が夢想だにしなかった武家政権であった。まさに、公家貴族にとって末法の予言は、政治の世界においても、余すところなく的中したかに感じられたことであろう。

そのような実感は仏教の世界においても同様であった。仏教の世界におけるゆきづまり、腐敗と堕落、そして頽廃がそれであった。末法到来の実感は、仏教の僧侶の行動の一つ一つが実証してくれるといった有様が、平安末期の古代仏教の現実であったことは、既にその概略をのべたところである。僧が妻をもつことへの予言は、僧侶の妻帯の常識化の現象によって信憑性を高めていった。「かくすは聖人、せぬは仏、最近はかくす聖人さえも少なくなった」という僧侶の生活にたいする歎きの言葉が、平安末期から鎌倉時代初期にかけての僧侶の生活の堕落の有様を如実に物語ってくれるようだ。

　このような世相のなかで、政治の世界では新しい武家政権が、新しい時代を力強く押し進めていった。いっぽう仏教の世界だけは、末法思想の予言にたいして無気力に身をまかせて、自滅の道をあゆんでいったのであろうか。決してそうではない。仏教の世界においても、末法の世に生きる仏法とその救いの道が用意され、暗さを増す古代から封建時代の転換期の時代に生きようとする人びとに、大いなる心の支えと救いをあたえるべく行動を開始していた。それが平安中期ごろから次第に王朝人の心をとらえはじめた念仏の救いであった。

極楽浄土へのあこがれ

　あらゆる仏法が次第に救いの力を失なって行くという予言の思想が浸透してゆくなかに、一つの希望の光が残されていた。それが末法の世において、救いの光を消すことのないと説かれる阿弥陀仏の本願の救いであった。人びとは、弥陀の本願を信じ、弥陀救けたまえの念仏、つまり南無阿弥陀仏をとなえることによって救われるのだ。末法の世において仏法が湮滅し去る時においても、弥陀の本願は変わることなく救いの力を発揮する。穢土（えど）で苦しむ凡夫（ぼんぷ）を極楽浄土へ救いとって下さるのだ。このような念仏の救いと極楽浄土へのあこがれは、末法の世が近づくにつれ、そして末法の世がすすむにつれて、人びとの心を強くとらえていった。永承七（一〇五二）年、世は末法に入ったと王朝の人びとが信じた時、王朝貴族は弥陀の救いに急激に傾いていった。関白藤原頼通が、かれの別荘として宇治に平等院をたてたのも一〇五二年のことであった。

平等院の鳳凰堂の本尊は、ほかならぬ末法の世の救世主阿弥陀仏である。関白頼通は、かれの権力と財力をかたむけて、地上に極楽浄土を築き、これによって末法の世を生きぬこうとした。自家用の阿弥陀仏と自家用の極楽浄土をこの世に築くことの出来るものは、公家貴族のなかにも少なかった。まして、一般の庶民は、末法の世を恐れ戦きながらも、公家貴族の手からわずかにもれる弥陀の慈悲を待っているよりほかなかった。それでも、宇治の平等院は、末法の世の庶民にとって大きな関心であり、救いであった。京の街々では「極楽不審くば、宇治の御寺を礼え」といった童謡が流れていた。浄土を憧憬れる声は、都や田舎、貴族や庶民をえらぶことなく輪をひろげていった。

しかし、目をつむっても瞼の裏に、くっきりと極楽浄土が浮んでこない。極楽などは話しだけで実在しないのではなかろうか。このような疑問が人びとの心に湧きおこる。いや、実在するのだ。極楽がいぶかしく思われるなら、宇治の御寺をおがんだらよい。このような童謡がうたわれた。浄土を求める思いは、時を経るにつれて強まっていった。貴族や庶民の間だけでなく、仏教の世界においても極楽浄土に救いを求める念仏の声が高まっていった。

仏教の教団は、すでに昔から、その片隅に浄土の教えを伝える念仏三昧堂をもっていた。ここで、念仏の教えが静かにうけつがれてきた。仏教の世界で希望を失なった人びとのなかには、念仏の救いに身をゆだねる者も少なくなかった。かれらは仲間と共に念仏の行（ぎょう）に身をしずめ、生きる希望をつないでいた。仏教の世界に身をおく僧のなかには、念仏者集団をつくって、極楽浄土への救いを待ちつづけていた。そのような集団が大寺院の傍に数を増していったのが平安時代も末のころであった。そのような念仏者を聖（ひじり）とよび、その集団を別所（べっしょ）とよんだ。

別所に身をおく聖たちは、末法の世の唯（ただ）一つの救いを念仏に見い出しながらも、旧い仏教の教団と袂を分かつことができない人びとであった。旧い教団のなかに、生活の足場を求めながら、旧い仏教の力を否定する宗教的立場を純粋に貫き通すことは無理な願いであった。聖たちは、かれらの信ずる念仏の救いを、末法の世に戦（おのの）く巷の人びとに説くという行動をおこすこともなく、静かに自分たちの仲間だけの救いを願いつづけた。このような聖や別所からは、旧い仏教を否定して、末法の世の救世主としての行動をとる新しい宗教の教祖たちは生まれるべくもなかった。しかし、新しい時代は、刻々と近づいている。そして、新しい時代に生きる人びとは、新しい時代に通用する新しい救いを求めつづけていた。

そのような要望にこたえるかのように誕生したのが鎌倉仏教であった。

鎌倉仏教の誕生

旧い仏教の殿堂比叡山延暦寺に、最初に絶縁状をつきつけて、山を降りたのが法然であった。法然は、末法の世の唯（ただ）一つの救いを念仏に見い出した人である。そこに到達するまでの法然は、叡山で十年、南都で十年、再び叡山で十年、都合三十年の間、旧い仏教の世界で修行と研究をつづけた。その結果、法然は旧い仏教を捨て、学問を捨て、修行を捨て、ただ弥陀の本願だけにすがることが、唯一つの末法の世の凡夫に残された救いであることを悟った。時に安元元（一一七五）年、法然は齢すでに四十三歳に達していた。法然と同じように、末法の世の唯一つの救いを弥陀の本願に見い出し、俗にいう八万四千の仏のなかから、阿弥陀仏ただ一仏を選んだのが親鸞であり、一遍であった。親鸞が念仏を選んだのが建仁元（一二〇一）年、二十九歳の時であり、一遍は文永八（一二七一）年、三十六歳であった。

また、日蓮は末法の世の救いとして南無妙法蓮華経の題目を、建長五（一二五三）年三十一歳にして選びとった。その他、中国の宗教界から禅をもたらし、これを新しい時代、鎌倉時代に生かそうとしたのが栄西と道元であった。栄西は建久二（一一九一）年に、禅の布教にのり出し、道元は安貞元（一二二七）年に、禅に生きる新しい価値観を発見した。

鎌倉時代という新しい時代は、新しい教祖を生み落した。それも単数ではなく複数の形で生んだ。それが鎌倉仏教六人の教祖の誕生であった。鎌倉仏教に見られる宗教的特色の一つが、選択（せんじゃく）と専修（せんじゅう）と易行（いぎょう）であった。古代以来の多神教の世界からただ一つの仏を選びとったのである。法然・親鸞・一遍は念仏を選んだ。栄西と道元は禅を選んだ。そして日蓮は題目を選んだ。しかも、ただ一つのオールマイティの仏を選んだのちは、それ一つに救いを求めるといった専修の立場を、鎌倉仏教は信仰上の姿勢とした。それだけでなく、救われる道は易しかった。難行苦行のつみ重ねによって救われるのではなく、信仰をふまえての上の念仏や題目だけで救われるのであった。まさに易しい行（ぎょう）といえる。そこに鎌倉仏教の特色としての易行という立場が生まれた。

古代以来の日本人の信仰生活の特色は多神教であった。それは原始・古代いらい現代にまで根強く貫かれている。日本人の宗教的姿勢といってもよいそのような多神教の歴史のなかで、はじめて一神教的信仰の姿勢が生みだされたのが鎌倉時代であった。鎌倉仏教にみられる選択の態度がそれである。鎌倉仏教はこのほかにも幾つかの特質をそなえている。古代以来の仏教によってあたえられるご利益は、専門家としての修練をつんだ僧侶を媒介として、仏から引き出された。長年の修行の結果、身につけた加持祈禱の技術を通じて手にすることの出来るご利益である故に、一般の人びとは、如何にご利益を求めても、絶対者から直接的にご利益と救いをあたえられることがなかった。そのような仏と功徳（くどく）の関係のなかで、鎌倉仏教は、はじめて直接的に仏の救いを人びとに信仰によってあたえる道を切り開いた。信仰によってだけ仏の救いにあずかれるという路線が敷かれることによって、仏の救いが広く民衆に開放されたのである。

仏教が日本人に伝えられてから七百年余りにして、はじめて仏教は民衆の手の届くところまで引きおろされたのである。仏教がすべての民衆の前に姿をあらわしたなかで、最も数多くの民衆の体質にあった姿勢を、自分の宗教的体験と苦悩を通じて体得した人、それが親鸞であった。

では、親鸞という人間は、鎌倉時代に存在する八百万の神々や八万四千の仏に満足できず、なに故に新しい角度からただ一つの、しかも万能の仏＝阿弥陀仏を選びとったのであろうか。そして、阿弥陀仏を末法の世の唯一つの救済者として選び、それへの信仰に救われた親鸞は、他力の念仏者として九十歳の生涯を、どのように行動し、どのように思索して終ったのであろうか。いうなれば、親鸞の行動と思想を、親鸞の全生涯を場として探ってみよう。

Ⅱ　叡山の親鸞

登　山

承安三（一一七三）年、この年の翌年法然は念仏を選択し、叡山と袂をわかって、京都の吉水に庵を構え念仏の布教に情熱をかたむけはじめた。新しい時代の夜明けを告げるかのように、世情はようやく騒然としてきた。京都に大火がおこり、疱瘡が流行したのも、この年であった。延暦寺の衆徒は神輿を奉じて朝廷への強訴をくりかえす。治承元（一一七七）年四月には前天台座主明雲が伊豆に流されることとなり、延暦寺の衆徒はこれを力で奪いかえすという事件がおこった。朝廷の権威の失墜を、京の都の人たちは、その目で見た。ちょうどこの月にも、京都は業火に見舞われた。延暦寺の内部では幹部候補生たる学侶と下士官候補生集団ともいえる堂衆が対立を深かめ、堂衆は群盗を味方にして学侶と戦うまでに対立は激化した。この事件を、公家貴族の分身ともいえる学侶の危機と見た朝廷は、平清盛に命じて堂衆を討たせるといった挙に出た。

このような不穏な動きのかげで、ひそかにめぐらされていたのが、平氏打倒の陰謀であった。治承元（一一七七）年六月、平家を政界から追放しようとする陰謀が、鹿ヶ谷の事件として未然に露顕した。平氏の一族はほっと息をつく間もなく、治承四（一一八〇）年五月には以仁王の令旨が全国の源氏の武士に飛び、平家打倒の行動は表面化した。以仁王は敗死したが、これをきっかけとして源平の争乱、平家の滅亡、そして鎌倉武家政権の誕生という目まぐるしいほどの速度で時代の歯車が回りはじめた。しかも、時代の歯車は、公家貴族の陰にこもった権謀術策によって回わされるのではなく、武士の荒々しい力こそ、新しい時代を生みだすエネルギーへと変っていた。

新しい時代の政治的・宗教的陣痛のなかに、親鸞はこの世に生をうけた。親鸞は、承安三（一一七三）年、日野有範の子として生まれた。日野の家は藤原氏の北家の流れをくむ公家貴族の一員であった。傾きかけた公家社会のなかに生まれた親鸞の将来を考えた時、父有範の心は暗く重かった。父の気持も知らぬかのように、親鸞はありきたりの公家の子と同じように育っていった。時代の激動の地鳴りを幼な心にも感じながら、親鸞は八歳を迎えた。八歳といえば、そろそろ将来の方向をきめなければならない歳である。父有範は、当時の公家の子弟の常識となっていた仏教の世界で生きる道を、わが子親鸞に選んでやった。親鸞とて、僧侶としての生涯を送ることに、さして抵抗を感じなかった。

朝廷につかえて、公家の世界で生きるのも、公家の世界の出店たる仏教の世界で生きるのも、それほどの変りはないように感じられた。出家したからといって、公家貴族の社会を捨て、公家貴族と絶縁するわけではなかったのである。平家打倒のごったがえすような巷をあとに、養和元（一一八一）年の春、九歳になったばかりの親鸞は叡山の人となった。仏教の世界においての青雲の志を心に秘めて、叡山に登った親鸞は、将来の栄光を天台座主の座に夢見ていたことであろう。なお、親鸞登山の事情を伝える史料は極めて少ないが、『親鸞聖人伝絵』は、この間の事情をつぎのように記している。

> 夫（それ）、聖人の俗姓は、藤原氏、天児屋根尊、二十一世の苗裔（びょうえい）、大織冠（鎌子内大臣）の玄孫、近衛大将右大臣（贈左大臣従一位）内麿公（号後長岡大臣、或号閑院大臣贈正一位太政大臣房前公孫大納言式部卿真楯息）六代の後胤、弼宰相有国卿五代の孫、皇太后宮大進有範の子也。しかあれば、朝廷に仕て、霜雪をも戴き、射山に赴て、栄花をも発くべかりし人なれども、興法の因うちに萠し、利生の縁ほかに催（もよお）しによりて、九歳の春比（ごろ）阿伯従三位範綱卿（干時、従四位上前若狭守、後白河上皇近臣聖人養父）前大僧正（慈円、慈鎮和尚是也、法性寺殿御息、月輪殿長兄）の貴坊へ相具したてまつりて、鬢髪を剃除したまひき。範宴少納言公と号す。自爾以来（これより）しば〳〵南岳天台の玄風を、とぶらひて、ひろく、三観仏乗の理を達し、とこしなへに、楞厳横河（りょうごんよかわ）の余流を、たゝへて、ふかく、四教円融の義に明なり。

親鸞は世を捨てるため、隠遁のために仏道に入ったのではない。仏教の世界の王座延暦寺において、仏教の求めるルールに従がって、学問と修行を積んで叡山の棟領、つまり座主になる希望をいだいて、山に登った。しかも、今は時めく慈円大僧正の門に身をおいた。希望に胸をふくらませた親鸞は、登山のその日から学問と修行に若い情熱をたぎらせたことであろう。巷の世界は大きく、しかも激しく変ろうとしていた。伝統や権威をのりこえて、力が事を決する時代が訪れようとしている。そのことは、正五位下、皇太后宮大進の官位を終着駅として背負っている日野家に生まれた親鸞にも、大きな希望をあたえたことであろう。

煩悩に身を焼く親鸞

数年は夢のように過ぎていった。親鸞の修行の成果も目に見えてあがっていった。叡山にある聖教を貪(むさ)ぼるように読みあさり、『親鸞聖人伝絵』のつたえるように「三観仏乗(さんかんぶつじょう)の理」をきわめた。天台宗の空(くう)観・仮(け)観・中(ちゅう)観の理をきわめ、さらに「四教円融の義」を明かにしていった。

四教とは釈迦一代の教えを四種に分け、頓(とん)教・漸(ざん)教・秘密教・不定教をいう。親鸞は仏教のすべてをきわめつくす覚悟で叡山の日日を送った。そのような山における生活がすぎてゆくなかで、巷では平清盛が世を去り、平家の運命は秋の陽にも似たように、またたく間に西海の波間に消えていった。そして、頼朝・義経兄弟の対立が表面化し、義経は奥州にのがれ、ついに藤原泰衡のために衣川館に討たれた。さらに、頭(こうべ)をたれる藤原泰衡を、頼朝は許そうとはせず、これを攻め奥州を鎌倉幕府の支配下に収めた。

いっぽう、武家勢力の最大の対抗勢力である、後白河法皇も世を去り、待望久しい征夷大将軍の職に源頼朝が任命されたのが、建久三（一一九二）年であった。動(どう)の時代は一応静(せい)の時代へと方向をとりはじめた。親鸞も、このころには、すでに二十歳を迎えていた。山に登ってから十年がすぎた。おそらく親鸞は、ほっと一息ついて、自分のあゆんできた道をふり返えり、将来を眺める余裕をもったことであろう。親鸞は自分をふり返えった時、自分の修行と学問の成果に叡山はなに一つ報いてくれていないことに気付いたのである。座主への希望など遠い少年のころの夢物語りと化していた。親鸞よりあとから山に登ってきた年端もゆかない若僧たちが、つぎつぎと親鸞を追いこして行った。修行さえ積めば、自分の山における官位の昇進も可能であろうと、自からを慰めてきた親鸞には、いっこうに昇進の機会も訪れてこなかった。そのような自分を見つめるとき、狂おしいほどの嫉妬の焔を燃したことであろう。あるときは自棄におち入ろうとすることもあったろう。叡山の現実は、親鸞が考えていたよりも、はるかに狭い枠のなかの世界であった。公家貴族の世界が、そのまま横すべりして出来上った社会が仏教の世界であった。それに親鸞は気付きはじめた。

修行にも精が出ず、学問も怠け切っている若僧たちが、親鸞を追い越してゆく理由といえば、かれらの家柄が日野家より勝っているだけであった。しかし、平安時代の末から鎌倉時代にかけての仏教の世界でものをいうのが、家柄であった、血であった。僧たちは等しく、父の肩書を、おのれの背にぶらさげていた。法印・僧都などすべてが、実家が太政大臣家であれば、太政大臣法印を称し、太政大臣僧都と呼ばれた。皇族出身であれば、法親王として羽振を利かすこともできる世界、それが親鸞が生涯を托そうとした比叡山延暦寺の現実であった。

思えば親鸞の生家は、公家貴族の一員ではあるにしても、決して公家の世界の名門とはいえなかった。生涯を大過なくつとめあげたとしても、父有範の位は正五位下、官職は皇太后大進が止まりであった。その家柄によっては、八歳で権中納言従三位中将の官位にのぼれ、十二〜三歳にして権大納言従二位右大将にもなれる。また、十八歳で右大臣正二位左大将、十九歳で関白左大臣正二位になれるのが、親鸞の生きた時代であった。正五位下、皇太后大進を終着駅とする日野有範の子親鸞が、如何に努力を重ねようとも、そうした公家社会の仏教版ともいえる叡山において栄達を求めることが、無意味であることを感じないわけにはゆかなかったであろう。

これが世の定めなのだ、といって諦観の境地に立つには、余りにも親鸞はまだ若すぎた。果せぬ夢とは知りつつも、事にふれ、折につけて煩悩にくるい、煩悩に身を焼く自分を、親鸞自身どうすることもできなかった。

親鸞がはじめ叡山にいだいた薔薇色の夢は次第に色あせていった。普通の公家の子が叡山で求めたものを諦めて、煩悩に苦しむ自己の救済を仏の道に求めはじめた。そして懸命に修行にはげんだ。しかし、逐えども逐えども煩悩の蜘蛛の糸は、親鸞の全身を十重二十重に締めつけていった。煩悩からの救いを仏道に求めても得られぬままに親鸞は苦悩しつづけた。そして、親鸞は、仏教のどのような修行によっても救われない人間というものの業の深さを、自分自身のなかに気付きはじめた。親鸞は、如何なる行にも耐ええぬ自分を知った時、このままでは地獄こそ自分の棲み家と思わないわけにはゆかなかった。その時こそ、末法の世の予言がひしひしと親鸞の心に現実のものとして迫ってきた。

末法の世においては、あらゆる仏法が湮滅してしまうのだ。末法の世が深まれば深まるほど、仏の救いは力を失なって行くというのは真実なのだ。このように親鸞は思われてならなかった。そして親鸞は、末法の世の唯一つの救いといわれてきた阿弥陀仏の救いにひかれていった。どのようにしても拭い去ることのできない煩悩の苦しみから自分を救いとってくれるのは、阿弥陀仏の本願にすがる以外に道はないのだとの自覚をもった。それが、親鸞の何歳の時かはわからない。親鸞は叡山での栄達の望みも、旧い仏教による救いの希望も捨て去って、ひたむきに弥陀の本願を信じ、念仏をとなえる身となっていた。

人間の発見

気がついた時、そのような親鸞は、叡山における出世の主流コースからはるかにそれたひっそりとした念仏三昧堂の堂僧、つまり一介の役僧の地位についていた。新しい救いを阿弥陀仏に求めるようになった親鸞にとっては、願ってもないところに落ち付いたといえる。親鸞は、来る日も来る日も、念仏をとなえつづけた。その姿はあたかも念仏の鬼と化したかのようであった。つい昨日まで聖道門の難行苦行に救いを求め、自力の行にはげんだ親鸞にしてみれば、弥陀の救いに帰依したからといって、身についた自力の心を一挙に投げ捨てることは難しかった。念仏三昧堂で積み重ねる念仏の行は、自力の念仏であった。弥陀の本願の不可思議な力を信じつつも、親鸞はなお心の片すみで自分の力を信じ、自力の念仏をつみあげて、弥陀の救いに自分の力で手助けしようとするような念仏の行に励んでいた。弥陀の本願は煩悩具足の凡夫を、煩悩熾盛の悪人を救うべく誓われたことを肯定しながらも、自分のような煩悩深重な人間は、弥陀でも救い切れないのではないかと思う親鸞であった。だからこそ、少しでも自分の力を弥陀の救いにプラスして救われようとする、はかない自力の念仏をつづけるのであった。

しかし、親鸞がどのように自力の念仏をつみあげようとも、救われた喜びは心のどこにも感じられなかった。煩悩の火に注ぐ油のような欲望は、すでに捨て去ったはずであった。にもかかわらず煩悩の火は親鸞の身も心も焼きつくさずにはおかぬかのように燃えさかった。かっと目を見開いて弥陀の慈顔を仰いでも、目をつむっても、煩悩の火はいっこう衰えなかった。煩悩の業火は瞼の裏を焼きこがした。

煩悩を背負って生まれおち、その煩悩を死にいたるまで背負いつづけなければならないのが人間なのだと、親鸞は気付きはじめた。旧い仏教の難行苦行によっても煩悩の火は消せなかった。念仏、それも自力の念仏では煩悩をどうすることもできない親鸞であった。影が形から離れることのないように、煩悩は人間から離すことのできぬ業火なのだ。この煩悩を消す時は、人間の命の火が消える時なのだ。そうとすれば人間は、生命（いのち）あるかぎり、どのようなことをしても救われないことになるではないか。このような疑問をいだきつつも、親鸞は自力の念仏にすがりつづけた。

そのような親鸞は、まさに蟻地獄におちた蟻のような姿であった。踠（もが）けばもがくほどに深みに陥ち込んでいった。自力の念仏をつんで、これを踏み台として自分の方から弥陀に近付こうとすれば、その踏み台は足もとから音をたてて崩れていった。親鸞は、業（ごう）の深い人間としての自分を、しみじみと見つめないわけにはいかなかった。親鸞は蟻地獄の底にあって、人間というものの本質を発見した。その人間こそ煩悩具足の人間であり、人間から煩悩というヴェールをはぎとることは不可能だということを発見した。しかも、親鸞は、煩悩という点では世界中の誰よりも深く重い煩悩を具足した人間なのだということに気づいたのである。その時こそ、弥陀の本願は三世十方の煩悩具足の凡夫＝悪人＝衆生を救うために誓われたのだというが、実は親鸞一人のために弥陀の本願はあるのだとさえ思われるようになった。それほどまでに親鸞は煩悩に苦しむ人間親鸞の姿に気づいたのであった。

事実、親鸞の手紙をはじめとする数々の著作のなかに出て来る人間、つまり凡夫・衆生・悪人という言葉には、裸のままの凡夫・衆生・悪人という語はほとんど見当らない。その殆んどすべてに「煩悩具足」「煩悩熾盛」「煩悩深重」という形容詞がかぶせられている。親鸞は、このような人間の本質を叡山において、自らの体験のなかで発見した。そして、既存の仏教の要求するいかなる修行にも耐ええぬ自分を、地獄よりほかに行くべきところのない自分を、弥陀の本願は親鸞一人のためのもの、と感じとった時、親鸞にはそれまでの宗教的姿勢のすべてをかなぐり捨てる決意が生まれた。

煩悩具足の悪人親鸞が救われるには、あらゆる自力のはからいを捨て去って、弥陀の救いにすべてを委せ切ることだと思いはじめた。煩悩具足の人間のはからいのすべてを捨てて、弥陀の前に生れたままの、裸のままの自分を投げだすことこそ、他力の救いであることに気づきはじめた。自ら計らわないことが、「義なきを義とする」ことが、弥陀の他力の救いにあずかれる唯（ただ）一つの道であることを、親鸞は感じとった。こうした境地にたどりつくまでに、親鸞は叡山で二十年の年月を過していた。すでに二十九歳を迎えていた。あと一年で三十歳、而立（じりつ）の歳である。

親鸞は煩悩具足の人間の救いが、弥陀の本願に自分をまかせ切ることであるということを知った。しかし、そのことによってただちに、人間の心から煩悩の火が消されることを意味したわけではない。親鸞の知りえた人間は、生命ある限り煩悩から離れることのできない人間であった。したがって親鸞の求めた救いは、煩悩具足のままの救いであった。親鸞は、この世で生きつづけながら、煩悩を燃やしながら、その煩悩を断ずることなく、生身（なまみ）のままでの救いを、弥陀の他力の救いのなかに見い出したのである。親鸞は、煩悩具足のままの救いを弥陀の本願のなかに見い出したが、ただちに自分の信仰をそこまで高めることが出来なかった。頭で、知識で、思想で、観念で知った弥陀の他力の救いを行動で体験するには、まだ若干の時間を必要とした。思想から行動への助産婦を求めて最後の苦悩に身悶えなければならなかった。

煩悩具足のほとけ親鸞の誕生

その結果、親鸞が仰いだのが聖徳太子の示現であった。聖徳太子は古くから日本の仏教の父として、母としてあがめられてきた人であった。仏教者たちは、おのれの行動への最後の決断を聖徳太子に祈ることによって与えられようとするのが常であった。親鸞もその例にならった。京都の烏丸（からすま）に聖徳太子が建てたと伝えられていた六角堂があった。本尊は如意輪観音であり、聖徳太子はこの観音の化身（けしん）

と古くから崇められてきた。この六角堂にこもって観音＝聖徳太子に祈願をこめることに親鸞は最後の希望をつないだ。時に建仁元（一二〇一）年の春のことであった。親鸞は二十九歳であった。百ヵ日の参籠に自分の運命をかけようとした。星をいただいて起き、星をいただいて帰える毎日が叡山と六角堂とのあいだに繰りかえされた。道なき道といった叡山から六角堂までを往復するだけでも、その苦労の程は察するに余りがある。それに加えて、六角堂において懸命な祈願をつづけるとあっては並大抵のことではなかった。親鸞は懸命に祈った。わが進むべき道を示させ給えと聖徳太子に祈った。百ヵ日も半ばにも達しないころに、親鸞は心身共に疲労の極に達したことであろう。やがて九十五日目、親鸞は聖徳太子の示現を感じた。救いの道は京都吉水の庵にある法然に縁を求めよといった示現であった。

親鸞としては、末法の世の唯一つの救いが念仏であると言われていることは、すでに叡山に登る前から幼な心に知っていた。また、山に登った後において、数々の聖教を読むなかに浄土三部経をはじめ、弥陀の救いにかんする経・論・釈も読破し、書き抜きをつくっていたはずである。自力の念仏に身をゆだねた後の親鸞は、末法の世の救いは念仏以外にないのだということを、思想としてははっきりととらえていた。それに加えて、親鸞が生まれた翌年、法然が念仏をひっさげて京の巷で人びとに念仏の救いを説き、多くの人びとが念仏に救われている現実をも、親鸞は知っていた。六角堂への参籠を決意した時、親鸞の思想は法然とのめぐりあいを求め、それによって念仏一筋に自分の将来を歩ゆんでゆこうという考えが熟し切っていた。熟し切った思想を行動に移すキッカケを六角堂の参籠に求め、その結果が法然に縁を結べと出たことは当然の結果であった。

親鸞は、もう迷うことをしなかった。夜の明けるのを待ちかねたかのように、法然を吉水の庵に訪れた。そして親鸞は尋ねた。末法の世における救いについて尋ねた。法然は親鸞の問いにたいしてなんとこたえたのであろうか。ただ一つ、末法の世における救いは、行住座臥、つねに念仏を唱えるだけでよいのだ。それによって善人も、悪人も区別することなく、平等に救われるのだ。このような答えが親鸞にかえってきた。そのような解答なら親鸞はすでに知りつくしていた。親鸞が求めたものは、念仏を選択（せんじゃく）し、これを専修（せんじゅう）して救われた体験をもつ念仏の大先輩であった法然の信仰体験を通じて、念仏以外に救いの道がないことを教えてもらいたかったのである。法然の一言によって、親鸞は他力の念仏者への回心（かいしん）をとげることは出来なかった。親鸞は納得のゆくまで問いつづけた。末法の世のただ一つの救いが念仏以外にありえないのはなぜかについて、問いつづけた。

そして、六角堂の参籠をおえて吉水に法然を訪れた日から、再び吉水がよいがはじまった。雨の日も、晴の日も、どのような大風が吹こうとも、一日として欠くことのない吉水訪問の日課がはじまった。親鸞は、末法の世のただ一の救いが念仏だけであることを、法然に問いつづけた。なぜか、なぜか、なぜかと問いつづけた。かつて六角堂に百ヵ日籠って聖徳太子に祈願をしたと同じように、吉水がよいが百ヵ日つづいた。そして、百ヵ日目に親鸞は心から納得して弥陀の本願を信じ、弥陀救けたまえの念仏をとなえることが出来たのである。ついに、親鸞は回心をなしとげた。誰に強制されることなく、ギリギリまで自ら問いつめて、納得して他力の念仏者となり、救われた喜びをかみしめたのである。煩悩具足の人間＝悪人親鸞は、煩悩具足のままの姿で仏となった。まさに煩悩具足のほとけ親鸞が法然を助産婦役として誕生したのである。

この間の事情について後の親鸞の妻恵信尼は、晩年に彼女が娘にあたえた手紙のなかでつぎのように記している。

昨年（弘長二年）の十二月一日の御文、同二十余日に、たしかに見候ぬ。何よりも殿（親鸞）の御往生、中々、はじめて申に及ばず候。

山を出でて、六角堂に百日籠らせ給て、後世を祈らせ給けるに、九十五日の暁、聖徳太子の文を結びて、示現にあづからせ給て候ければ、やがてその暁いでさせ給て、後世の助からんずる縁にあいまいらせんと、たづねまいらせて、法然上人にあいまいらせて、又、六角堂に百日籠らせ給て候けるやうに、又、百ヵ日、降るにも照るにも、如何なる大ふ（風）にも、まいりてありしに、ただ後世の事は、善き人にも悪しきにも、同じ様に、生死出づべき道をば、ただ一筋に仰せられ候しを、うけ給はり定めて候しかば、上人（法然）のわたらせ給はん処には、人はいかにも申せ、たとひ悪道にわたらせ給べしと申とも、世々生々にも迷ひければこそありけめ、とまで思まひらする身なればと、様々に人の申候し時も、仰せ候しなり。（中略）

> この文書、殿(親鸞)の比叡の山に堂僧勤めておはしましけるが、山を出でて、六角堂に百日籠らせ給て、後世の事祈り申させ給ける、九十五日の暁の御示現の文なり。

煩悩具足の仏の姿

親鸞は法然とのふれあいによって回心をとげた。救われたのである。弥陀の他力の救いということは、善人も、悪人も、弥陀の本願を心から信じ切るならば平等に実現する。その道は念仏一つであることを教えられて親鸞は他力の念仏者となったのである。煩悩具足のままで仏となったのである。他力の念仏者親鸞の心境は、たとえ法然上人がおいでになるところには、人はどのように云おうとも、それが地獄であろうとも喜んでついてゆけるというほどに、法然にひかれたのであった。というのも、諸々の行によっては永劫に救われることのない親鸞であったからである。

救われたことを自覚した親鸞の姿は、昨日までの親鸞とは大きく変わった。昨日までは蟻地獄の底で悶え苦しみ、自分の身一つをどうすることもできない親鸞であった。その親鸞が回心を境として薔薇色の人生を自分のなかに見いだしたのである。親鸞は念仏によって救われた人の姿を『歎異抄』のなかに、つぎのように残している。

> 念仏者は無碍(むげ)の一道なり。そのいはれいかんとならば、信心の行者には、天神・地祇も敬伏し、魔界・外道(げどう)も障碍(しょうげ)することなし。罪悪も業報を感ずることあたはず、諸善もおよぶことなきゆへに、無碍の一道なり。

念仏者は誰もが妨げることのできない人生をあゆむことができるのである。なぜかというに、念仏を信ずる人は天神・地祇も敬伏し、魔界・外道も妨げをすることがないからである。また、どのような罪悪を背負っていようとも、念仏者には業報をおよぼすことが出来ず、どのような善も念仏の功徳にはおよぶことがないから、念仏者は無碍の一道の人生をあゆめるのである。

弥陀の他力の本願を信じ、他力の念仏者となった時、すべての人間は、その善悪を問うことなく、どうにもならない煩悩を身に纏ったまま、無碍の一道の人生をすごすことが出来るというのである。これが親鸞の救われた念仏の救いであった。このような人間の姿は、とりもなおさず仏の姿である。

親鸞は信心決定した他力の念仏者のことを「正定聚の位」についた人といっている。正定聚とは死ねば必ず極楽浄土で仏になることが約束されている人である。そのような位についた念仏者は、まさにこの世における仏ということが出来るのである。しかも、煩悩具足した生身の体をもつこの世の仏が他力の念仏者の姿である。だからこそ、無碍の一道の人生が念仏者には保証されるのである。

煩悩具足の凡夫が信心決定した時、この世で仏と同等になることについて、親鸞は数々の言葉を残している。その一、二の例を紹介してみよう。

> 真実信心の行人は、摂取不捨のゆへに、正定聚のくらゐに住す。このゆへに、臨終をまつことなし、来迎をたのむことなし。信心のさだまるとき、往生また、さだまるなり。（建長三歳閏九月二十日親鸞消息）

釈迦・弥陀・十方の諸仏、みなおなじ御こゝろにて、本願念仏の衆生には、かげのかたちにそえるがごとくして、はなれたまはず、とあかせり。しかれば、この信心の人を、釈迦如来は、わがしたしきともなりとよろこびまします。この信心の人を、真の仏弟子といへり。この人を正念に住する人とす、この人は、摂取してすてたまはざれば、金剛心をえたる人と申なり。この人を上上人とも、好人とも、妙好人とも、最勝人とも、希有人ともまふすなり。この人は正定聚のくらゐにさだまれるなり、としるべし。しかれば弥勒仏とひとしき人とのたまへり。これは真実信心をえたるゆへに、かならず真実の報土に往生するなりとしるべし。（建長七歳十月三日親鸞消息）

以上において、他力の信心をえた人が、この世において到達する境地が正定聚の位であることが理解できたであろう。正定聚の位についた他力の念仏者は弥勒と同じとなるのである。弥勒は菩薩であるが、仏になることが決まっているから、これを弥勒仏という。だから、すでに他力の信心をえている人を仏と等しいということが経文に見えているのである。そして、他力の念仏者は、この世で煩悩具足のまま正定聚の位について、この世が終った時極楽浄土に生まれ、浄土の仏となるのである。他力の念仏者は、この世の仏であってみれば、臨終において弥陀の来迎を待つ必要はない。これが念仏によって救われた人の姿であった。つまり、「煩悩具足の凡夫」が信心を境として「煩悩具足のほとけ」となるのである。親鸞は二十九歳にして煩悩を断ずることなしにこの世で仏となったと自覚したのである。

しかも、煩悩具足のひと親鸞から煩悩具足のほとけ親鸞への回心は、即座に実現するのであった。念仏による効いは、ひとっとびに即座にあたえられるのである。そのことについて『歎異抄』には、つぎのような言葉がみえている。

弥陀の誓願不思議にたすけられまいらせて、往生をばとぐるなりと信じて、念仏まうさんとおもひたつこゝろのおこるとき、すなはち、摂取不捨の利益にあづけしめたまふなり。

弥陀の誓願の不可思議な力にたすけられて往生をとげることができるのだと心から信じて、念仏を申そうかなと思いたつ心の起こる時、直ちに摂取不捨の利益にあずかることが出来るのであった。煩悩具足の悪人＝人間が、そうした人間の本質を自覚し、すべてを弥陀の救いにまかせ切る時に、救われるのだという思想こそ、親鸞の全思想体系の中心をなす悪人正機の思想であった。

煩悩具足の悪人こそ救われる

悪人正機の思想を最も明確に物語ってくれるのが、『歎異抄』のつぎの言葉といえよう。

善人なをもちて往生をとぐ、いはんや悪人をや。しかるを、世のひとつねにいはく、悪人なを往生す、いかにいはんや善人をやと。この条、一旦そのいはれあるににたれども、本願他力の意趣にそむけり。そのゆへは、自力作善(さぜん)の人は、ひとへに他力をたのむこゝろかけたるあひだ、弥陀の本願にあらず。しかれども、自力のこゝろをひるがへして、他力をたのみたてまつれば、真実報土の往生をとぐるなり。煩悩具足のわれらは、いづれの行にても生死（しょうじ）をはなるることあるべからざるを哀（あわれみ）たまひて、願をおこしたまふ本意、悪人成仏のためなれば、他力をたのみたてまつる悪人、もとも往生の正因なり。よりて善人だにこそ往生すれ、まして悪人はと仰さふらひき。

善根をつみ、自力の念仏によって救われようとする善人でさえ往生することができる。まして煩悩具足の自己を自覚し、すべてを弥陀のはからいともよおしにまかせ切って、自分のはからいをなに一つさしはさまない煩悩具足の悪人＝凡夫が救われるのは当然ではないか。それにもかかわらず、世間一般では常に言っている、「悪人でさえ往生できる、まして善人が救われるのはあたりまえではないか」と。こうした善人正機の考え方は、一応理由があるように見えるけれども、弥陀の本願他力の真意に反した考え方である。なぜならば、自力の行（ぎょう）をはげみ、善根をつんで救われようとする人は、まだ凡夫の力というものを頼り、ひたむきに弥陀の他力をたのむ心が欠けているから、弥陀の本願の真意にかなっていないのである。しかしながら、そのような自力の心をひるがえして、他力をひたすら心から頼むという態度に変れば、ほんとうの極楽浄土に往生をとげることができるのである。煩悩具足のわれわれは、どのような修行によっても迷いの世界から脱れることのできないのを、弥陀があおわれみになって、そうした煩悩具足の人間を救おうとして誓願をおこした真意は、煩悩具足の悪人を仏にさせるためである。したがって、心から弥陀の他力をたのみたてまつる煩悩具足の人間が弥陀の救いの第一の対象なのである。だから善人でさえ、その心をひるがえせば救われる、ましてどのような行にも耐ええぬことを自覚し、弥陀にまかせきり、すがり切った煩悩具足の人間がまず第一に救われるのはあたり前ではないか、と親鸞は悟ったのである。

こうした煩悩具足の人間こそ救われるのだという思想は、親鸞の思想の根底をなす考えである。『歎異抄』は、唯円と親鸞の往生にかんする対話をつぎのように記しているが、そこに見られる思想は悪人正機に徹底した思想といえる。

唯円は親鸞に「念仏を申しておりますが、踊躍歓喜の心がおこらないのは、どうしたことでございましょうか」と尋ねた。親鸞は「わたくし親鸞も、この疑問があったのです、唯円房と同じ心であったのです。よくよく考えてみれば、天に踊り、地に踊るほど喜んでよいはずの往生実現を、ただ喜ばないだけなのです。それによって、いよいよわれわれの往生は決定しているのだとお思いになるべきです。往生を喜ぶべき気持をおさえて、喜ばせないようにしているのは、煩悩がそうさせているのです。しかし、弥陀が前々からお教えになっているように、煩悩具足の凡夫を第一に救うのだと仰せになっているのですから、弥陀の他力の悲願は、このような喜ぶべきことを喜べないようなわれわれ煩悩具足の人間のためであるということが自覚されて、いよいよ心強く思われます。また、浄土へいそいで参りたいという気持がなくて、少しでも病気になることがあれば、もう死ぬのではないかと、心細く思われることも、これも煩悩がそうさせるのです。久遠劫（くおんごう）の昔から今日まで、迷いの世界に生死をくりかえしているこの世は捨て難いものです。それにたいして、まだ見たことのない極楽浄土は恋しく思われないこと、このことはほんとうに、よくよく煩悩が強いためでございます。名残りおしく思えるけれども、この世の縁がつきて止むをえず死ぬ時に、かの極楽浄土に参るべきものでございます。いそいで極楽浄土に参りたいといった気持がないものを、弥陀は特別にあわれみたまうのです。煩悩具足の人間というものは、このようなものであるということを思うにつけてこそ、弥陀の大悲大願はたのもしく思われ、煩悩具足しているわれわれの往生は決まっているのだとお考え下さい。往生することにたいして踊躍歓喜の心もおこり、いそいで浄土へも参りたく思うことは、煩悩がないのではないか、煩悩がなければ弥陀の救いにあずかれない故に、それこそ往生は疑がわしいでしょう」。

この親鸞と唯円の会話によって、煩悩をはなれることのできぬ人間の自覚と、その人間の救いこそ弥陀の本願であるという、親鸞の思想の奥底にふれることができるのである。

親鸞が、煩悩具足の悪人こそ救われるのだという揺ぎない境地に達した背後には、叡山における九歳から二十九歳にいたる苦悩に満ちた宗教体験が横たわっていた。親鸞は、叡山にあって、旧い仏教のルールに忠実に修行をつんだ。しかし、その結果、知ったことは、如何なる修行にも耐えない煩悩具足の自己の自覚であり、地獄よりほか行くべきところのない悲しい自分の未来の姿であった。旧い仏教を捨てて、念仏に救いを求めつづけるようになった親鸞が得たもの、それは善人的姿勢をもってする自力の念仏では決して救われることのない煩悩熾盛の自己の再確認であった。あまりにも深い煩悩と宿業を背負う自己を知った親鸞は、弥陀の本願は、このような親鸞一人のために誓われたのだという自覚に達した。そして、親鸞は煩悩具足の凡夫のあらゆるはからいを捨て去って、弥陀のはからいに裸のままの自分をまかせ切る気持になれたのである。煩悩具足の凡夫は弥陀の本願以外に救われないのだ。弥陀はこのような十方三世の諸仏が見放したような悪人を救うために本願を誓われたのだ、という悟りを親鸞は自己の体験のなかで知った。その時こそ、確信をもって「善人なおもちて往生をとぐ、いはんや悪人をや」という弥陀の救いを自ら信じ、ひとに教えて信じさせることができたのである。

悪人正機の自覚とその発言は、親鸞にあっては、旧い仏教への絶縁状でもあった。また、旧い念仏の救い、善人正機の立場に立つ人びとへの訣別の言葉でもあった。親鸞は、法然を助産婦役として煩悩具足のままこの世の仏となった時を境として、二度と再び叡山にもどらなかった。親鸞はこの時を最後として、公家貴族の世界とも、公家僧侶の社会とも、はっきりと訣別した人生をあゆむこととなった。それも新しく寺を構えるのではなく、京の巷において新しい他力の念仏者としての人生をあゆみはじめたのである。

Ⅲ　巷に生きる親鸞

報　恩

信心決定して念仏に救われた親鸞にとっては、もうこれ以上念仏をとなえることは必要なくなったはずである。だが親鸞は念仏をとなえつづけた。親鸞における念仏の意味が大きく変ったのである。信心決定までの念仏は、弥陀救けたまえの願望をこめた念仏であった。その願いがかなえられたのである。念仏のおかげで、煩悩具足の凡夫親鸞が煩悩具足のほとけ親鸞に変ったのである。しかも、その救いは、人間の善悪さまざまの業（ごう）によって妨げられることのない救いであった。救いが決まった後に、二度も、三度も、無数に救いを求めつづける必要のない救いにあずかった親鸞が、なお念仏をつづけたのは、救われたことにたいする御恩報謝のための念仏であった。親鸞自身、この報恩の念仏を生涯を通じてとなえつづけ、また他の念仏者たちにもそれを求めたのであった。

親鸞には、この世の仏の地位が約束され、死後においては極楽浄土の仏の生活が保証された。親鸞個人においては、この世も、あの世も救われたのである。その喜びをじっとひとり抱きしめているのが、親鸞の念仏者としての新しい人生ではなかった。救われた喜びが深く大きければ大きいほど、親鸞はこれを当時の社会で煩悩に苦しみつつも、煩悩具足でどのような修行にも耐ええないが故に、救いを諦めようとしている人びとに分けあたえることを、弥陀にたいする報恩の行と考えたのである。念仏者によって国家を、社会を、国民を幸せにすることに親鸞は使命感を感じていた。他力の念仏者親鸞にとっては、救われるための念仏はもう必要はなかった。したがって、信心決定後の親鸞にとっては、念仏は「余った念仏」となった。親鸞は、この余った念仏を人びとに取りつぐことによって、鎌倉時代の世を煩悩具足の仏で埋め尽くそうと思ったのである。そのことによって当時の社会全体に仏国土が誕生すると考え、その実現を報恩と感じて念仏の布教を新しい生涯の使命として、親鸞はあゆみはじめた。

親鸞は、念仏一つで、個人も社会も、この世もあの世もすべてが救われるという思想に支えられて行動した。「世の中安穏なれ」と祈り、それを「仏法ひろまれ」という方法で実現しようとした。そうした行動に踏み切った時、親鸞の心にはっきりと浮び上がったのが、善導和尚の言葉であった。善導は浄土七高僧のなかの第五祖で、中国の泗州の人である。唐の貞観十九年、二十九歳にて道綽(どうしやく)禅師について念仏に帰依し、念仏の祖と仰がれるほどの人となった。善導の思想が日本の念仏におよぼした影響は極めて大きく、法然も「ひとえに善導一師による」といっている。法然にだまされて念仏したために地獄におちるとも悔いることなし、と言うほどに傾倒した親鸞が、善導の言葉にひかれたのも故なしとしない。親鸞がひかれ、これを自分の生涯の座右の言葉としたのが、善導の『往生礼讃』のつぎの一句であった。

自信教人信　難中転更難
大悲伝普化　真成報仏恩

弥陀の本願を心から信じて、これを人に教えて信じさせることは、難しいなかにも極めて難しいことである。弥陀の大悲を人びとにつたえてあまねくこれを念仏者とすることが、自分を救ってくれた弥陀の仏恩にほんとうに報いることになるのだ。自信教人信を仏恩報謝の最たるものというのである。新しい人生を念仏に救われて出発する親鸞にとって、まさにうってつけの言葉であった。

布　教

京の片隅に粗末な庵を構えた親鸞は、すさまじいまでもの仏恩報謝の使命感に支えられて念仏の布教を始めた。法然の数々の弟子にまじっての親鸞の念仏布教は、明らかに人目をひくに十分な激しささえ感じられるほどであった。親鸞は、叡山の旧い仏教に救いを求めて救われることがなく、自力の念仏によっても失意のドン底からはいあがることができず、他力の念仏に身をまかせ切った時、煩悩具足の凡夫親鸞が救われたのである。親鸞は、この体験をふまえて京の人びとに念仏の救いを勧めた。末それに加うるに叡山で身につけた学問は、親鸞の信仰体験を人びとに説く場合、大きく役立った。末法の世の人間は煩悩を剝ぎ取るなどということは全く不可能なのだ。死ぬまで煩悩に身を焦すのが凡夫なのだ。それを救いうるのは念仏、それも他力の念仏以外にはありえないのだ。しかも、他力の念仏は煩悩具足の人間を、そのままの姿で仏の位に、この世でつけてくれるのだ。念仏者は無碍の一道を諸神・諸仏に護られながらギリギリまで生きて、やがてくる死の扉を喜びをもって押し開ける。そこに待っているものは永劫にわたる極楽浄土での仏の生活である。煩悩が深ければ深いほど、弥陀はそのような凡夫の救いを第一の対象として本願を誓われたのだ。このような教えが、親鸞の口をついてほとばしり出たのである。親鸞の布教活動は、旧い仏教の人びとを強く刺激した。

そのうえ旧い仏教はもちろん、当時の人間関係を刺激したのが、親鸞の同朋思想であった。親鸞は人間が生まれついた時、そこには自らの選択を許されない差別のあったことは否定しなかった。男に生まれ、女に生まれる。公家の家に、武家の家に、庶民の家に生まれる。これらは生まれ出る人びとにとって選ぶことができぬものであり、宿業のしからしむるところであった。この世における不平等を認めた親鸞は、この不平等を念仏者の世界において解消させた。

弥陀の本願を信じ、煩悩具足のほとけとなった念仏者は、念仏者の世界にあっては同朋・同行という平等的人間関係が生まれるのである。弥陀の前にあって、念仏の救いという同一の価値観に生きる念仏者のあいだには、上下の別は存在し得べくもなかった。というのは、この世の仏という境地は人間が自力で手にしたものではなく、すべて弥陀からたまわったものであった。自力の行によってこの世の仏となったというのであれば、仏の世界にも上下の差別は生まれよう。親鸞は、このように念仏者の共同体内における人間平等の精神を説いたのである。

しかし、そのような他力の救いの精神を理解し切れない人びとが、自分の勧めによって念仏者となった人びとを、わが弟子ひとの弟子といって争いあう姿を見て親鸞は、つぎのような批判的な言葉をはいている。

専修念仏の人びとが、わが弟子、ひとの弟子といって争っていることはもってのほかのことです。私親鸞は、弟子など一人ももっておりません。その理由は、自分の力で、自分のはからいで、人びとに念仏を申させてこそ、その人は弟子でございましょう。全く弥陀のお蔭にあづかって、念仏を申している人を、わが弟子ということはほんとうにとんでもないことです。自分につき従がうべき因縁があればつき従がい、離れるべき因縁があれば去ってゆくものであるのに、いままでの師を離れて、ほかの師について念仏をすれば往生できないのだなどということは云うに足らぬことです。阿弥陀如来からたまわった信心を、わがもの顔に取りかえそうと申すのでありましょうか。くれぐれもいけないことです。弥陀の本願の道理にかなうならば、自分を救ってくれた仏恩をも自覚し、また本願の救いのあることを教えてくれた師の恩をも知るべきです。（『歎異抄』六）

すべてが弥陀からたまわった他力の救い故に、救ったという意味での師と弟子という関係は念仏者のあいだではあり得ないという。

また『親鸞聖人伝絵』にも、念仏者の信心に上下の別のないことを記している。法然の信心も、親鸞の信心も、一般の念仏者の信心も、弥陀からたまわったもの故に、差別があり得ないというのである。そして、弥陀の恩によって生まれ変った念仏者は、弥陀の前においては、つまり念仏者の共同体のなかにあっては信仰歴や社会的の身分の別は問題でなく、すべて平等的立場にあるものと考えたのである。『親鸞聖人伝絵』はこのことについて、「聖人(親鸞)のたまはく、いにしへ、我本師聖人(法然)の御前に、聖信房(しょうしん)・勢観房(せいかん)・念仏房已下の人々おほかりし時、はかりなき諍論をし侍る事ありき。そのゆへは、『聖人(源空)の御信心と、善信(親鸞)が信心と、いさゝかもかはるところあるべからず、たゞ一(ひとつ)なり』と申たりしに、このひと〴〵とがめていはく、『善信房の、聖人(法然)の御信心とわが信心と、ひとしと申さるゝ事いはれなし、いかでか、ひとしかるべき』と。善信申て云、『などかひとしと申さざるべきや。そのゆへは深智博覧にひとしからんとも申さばこそ、まことにおほけなくもあらめ、往生の信心にいたりては、一たび他力信心のことはりをうけ給はりしよりこのかた、またくわたくしなし。しかれば聖人(法然)の御信心も、他力よりたまはらせたまふ、善信が信心も他力なり。故にひとしくしてかはるところなしと申也』と、申侍りしところに、本師聖人(法然)まさしく被レ仰てのたまはく、『信心のかはると申は、自力の信にとりての事也。すなわち、智恵各別なるがゆへに、信又各別なり。他力の信心は、善悪の凡夫ともに仏のかたよりたまはる信心なれば、源空が信心も、善信房の信心も、更にかはるべからず、たゞひとつなり。わがかしこくて信ずるにあらず、信心のかはりあふておはしまさむ人々は、わがまいらむ浄土へはよもまいらせたまはじ、よく〳〵こゝろえらるべき事也』と云々」と伝えている。

念仏者の世界にあっては、すべて煩悩具足の仏である。大僧正も、僧正も、僧都も、法印も存在しない。公家も、武士も、庶民も存在しない。すべてが仏として同朋・同行である。そうした人間関係の思想が、立身出世にすべてをかけて、煩悩に狂う旧い仏教の人びとにとって許し難いものであったことは当然であろう。

以上のような教説が、堰を切ったかのように、親鸞の口から熱っぽくほとばしり出たのである。親鸞は自分の身につけたあらゆる体験と知識をかたむけ尽くして念仏の救いを説いたのであったが、念仏を信ずるか捨てるかの最後の決断は、相手の自由意志にまかせるといった布教態度をとった。親鸞とて、念仏を他の人から、法然から強制されて信じたわけではない。歯痒いほどの駄目押しの結果、親鸞は納得して自ら念仏を選び、それによって救われたのである。親鸞自身の得信の姿勢が、そのまま布教の場においても生かされたのである。

旧い仏教の世界では許すことのできない教説が、親鸞によって京の巷の人びとに熱っぽく説かれていった。それまで、旧い仏教が教える救いと救いのルールを仏教の正しい救いと信じ切ってきた巷の人たちは、大きく戸迷いを感じた。戸迷いは疑問となり反撥となって親鸞にはねかえっていった。親鸞は布教の場にあって、数々のゆさぶりをかけられながら、自己の信心をより金剛不壊のものへと育てていった。そうした生活のなかで、親鸞は煩悩具足が人間の本質であることを身をもって人に示し、しかも煩悩具足のままで救われた喜びを感じている自分を念仏者の見本として人びとに示した。そうした行動の一つが親鸞の妻帯であった。

当時の旧い仏教の僧と女犯の関係はまさに公然の秘密であった。「かくすは聖人、せぬは仏、かくす聖人も近ごろは少くなった」といわれていた時代である。僧の妻帯は、いうなれば公然の秘密であった。しかし、親鸞は、公然の秘密としての妻帯を、公然へと踏み切ったのである。それでは親鸞の妻帯は、かくさぬ聖人たちと同じ意味しかもっていないようにも見えよう。しかしかくす聖人やかくさぬ聖人たちは、妻帯という現実を自ら破戒の行為と感じ、仏法の救いという点では大いなる障害を意識したうえでの妻帯であった。それに対して、親鸞の妻帯という行為は、煩悩具足の凡夫の姿であり、弥陀はこの凡夫をそのままで救いとって、仏の位につけてくれるのである。親鸞の妻帯への公然の踏み切りの背後には、なに一つ後ろめたさが存在しなかった。親鸞ははっきりとした妻帯の論理に裏打ちされて妻帯に踏み切ったのである。その点が、かくす聖人やかくさぬ聖人の妻帯と親鸞のそれとの大きな意味の違いである。

なお、親鸞の妻帯について、その妻が関白九条兼実の娘玉日であったという伝説が古くから伝えられている。親鸞は法然のすすめによって、師命黙（もだ）し難く玉日をめとったという。この伝説は後世のつくりごとであり、事実とは全く関係がない。九条兼実には玉日なる娘は存在しなかった。存在しない女性との結婚は不可能なことはいうまでもない。しかし、親鸞が妻をもったということは明白なる事実である。

玉日伝説は、親鸞妻帯の隠しようのない事実を、むしろ有利に利用するために、法然のすすめによって、やむなく、しかも公家貴族最高の名門の女性を妻としてめとったという伝説をつくりあげたという解釈ができそうである。

玉日伝説は否定されても、親鸞は妻をもったのである。その時期は元久二（一二〇五）年ごろと考えられる。相手の女性はおそらく京の巷の一介の名もない女性であったようだ。公家貴族と絶縁し、公家僧侶と袂を分かった親鸞である。公家の世界に新しい関係をつけるために、有力貴族の娘と結婚したとは考えられない。親鸞は法然の弟子となってから四年目で結婚し、その女性との間に長子慈信坊善鸞をもうけた。善鸞については後にのべる。

再び、親鸞の行動に筆をもどそう。時期としては遅く法然の門に入った親鸞である。親鸞が法然の弟子となった時、すでに四百人に近い先輩同輩が念仏の救いを信じ、布教にあたっていた。そのようななかで、親鸞はいろいろの意味で存在が目立ってきた。元久元（一二〇四）年十一月七日に、叡山の弾圧にたいして法然の門下一九〇人が連名で起請文に署名しているが、親鸞もその中に「僧綽空」の名で署名している。その翌年には、法然の主著『選択本願念仏集』の書写を許され、その内題に「南無阿弥陀仏往生之業念仏為本」の文と「釈綽空」の名を法然の自筆で書きあたえられたという。そのうえ法然の肖像を写すことも許されている。なお『選択本願念仏集』の書写を許された門弟は、数多い法然門下のなかで、親鸞のほかは、幸西・弁長・隆寛・証空・長西など、法然没後浄土宗の一派の祖となるほどの人びとだけであったという。これに加うるに親鸞の説く救いの思想と布教への熱意は、親鸞の存在を日増しにきわだたせずにはおかなかった。法然教団の内部はいうまでもなく、京の巷や旧い仏教の世界においても、親鸞は他の幾人かの法然門下の人びとと共に危険人物と見なされるほどになった。京の町々に念仏の声が高まれば高まるほど、念仏の布教者たちにたいする旧い仏教の人たちの警戒の念をかきたてていった。念仏の発展に比例するかのように、旧い仏教からの理論的弾圧はいうまでもなく、力による圧迫が加算された。公家政権と旧い仏教が古代以来一心同体の関係をもって生きてきたところからすれば、念仏の弾圧に好むと否とにかかわらず、公家政権が力を貸さなければならないのも故なしとしなかった。

旧い仏教側からすれば、念仏の発展は許すことのできない問題であった。

叡山からの弾圧

公家政権の崩解の萌し、旧い仏教の行きづまり、それを根底からゆさぶる末法思想の全社会への浸透。こうした情勢を背景として、鎌倉仏教、なかでも念仏の布教者たちが法然を中心として巷で活発な動きを示し、巷の人びとはいうまでもなく、旧い仏教の僧侶の長年の仲間であったはずの公家貴族までもが、念仏にひかれてゆく。こうした現実は双葉のうちに摘みとらなければ、旧い仏教そのものの存亡にかかわるのである。事にふれ、折にふれて旧い仏教は念仏の批判を繰りかえし、弾圧の機をねらっていた。旧い仏教の人びとは、もっともらしい理由さえ見つかれば、重い腰の公家政権を押しあげて、力で弾圧を加える気構えであった。旧い仏教のなかでも叡山の衆徒たちの念仏にたいする反感は激しかった。叡山で育った法然や親鸞が、新しい念仏を信じた時、申しあわせたかのように山を降り、叡山に弓をひくといった行動をとっていたためもあろう。

その気になれば京の巷の念仏者の言動のなかに、念仏弾圧の口実はいくらでも転がっていた。如何なる悪も往生の妨げにならぬのだ。戒律など無用の存在。弥陀一仏以外に存在価値なしとする諸神諸仏の否定。悪は思うだけ行なえといった造悪無碍。念仏の救いの条件を少し曲解したり、過大に解釈すれば、直ちに既成の社会の秩序の破壊に通じ、既成の倫理観・価値観の否定の行動を生むのである。事実、法然門下の念仏者のなかでそのような言動を自らもとり、また人びとにも勧めているものも少なくなかった。なかでも、念仏弾圧にこの上もない口実を提供したのが、念仏の集会にあつまる男女の風俗紊乱の行為であった。二、三の事実は数十、数百倍されて噂は噂を生んでいった。そのようなかで法然教団への締めつけは次第に強められていった。弾圧の力が直接加わる前に法然はまず叡山にたいして七ヵ条の制誡を書き、一九〇人の門弟の名をつらねて念仏者の言動を慎しむべきことを、叡山に神かけて誓うという態度をとった。それは元久元（一二〇四）年十一月七日のことであった。法然は、まず、自分もかつては叡山で天台の教学を修行したものであることをのべ、延暦寺に詫びる態度を表明する。これとならんで自分の門弟に告ぐ、といって次の七ヵ条の制誡を書き、一九〇人の有力門弟がこれに署名をしている。

一、いまだ一句の法文を見もしないで、真言宗や天台宗を論破し、ほかの仏・菩薩の悪口をいってはならない。

一、無智の身をもって、有智の人にたいして、念仏以外の仏道を修行する人びととあって、好んで諍論をしてはならない。

一、他宗の人にたいして、物ごとをわきまえず、片寄った考えをもって、他宗の修行を止めよとせまり、あざ笑ってはならない。

一、念仏門においては戒律など存在しないのだといって、もっぱら邪婬・飲酒・肉食など戒律でいましめられていることを勧め、たまたま戒律をまもる者を雑行(ぞうぎょう)人と呼んで、弥陀の本願をたのむ者は造悪を恐れるなと説いてはならない。

一、いまだ事の理非をわきまえない痴人が、聖教を無視し、師の教えにない勝手な私の教えを説き、みだりに諍論をくわだて、旧い仏教の智者に笑われ、愚者を迷わしてはならない。

一、痴鈍の身をもって、ことに人に教えを説き導びくことを好み、正法(しょうぼう)を知らないで種々の邪法を説いて、無智の僧俗を教化してはいけない。

一、仏教にない邪法を自分勝手に説いて正法と称し、いつわって師匠からうけついだ説であるといってはならない。

右の七ヵ条の箇条書の通りである。少しでも経文を学んだ弟子たちは、よくよくこの趣旨を知れ。

私は長年の間、念仏を修してきたが、聖教の教えにしたがって、あえて人心に逆らわず、世人の耳を驚かすこともなかった。このため、現在まで三十ヵ年、事なく日月をすごしてきた。しかし、最近になって、この十年来、無智不善の人びとが時々加わってきた。かれらは、ただ弥陀の浄業を無視するだけでなく、また釈迦の遺法をも汚している。どうして誡めないでおかれようか。この七ヵ条の内、巨細のことなど詳細には述べることができない。要するにこのような無法の行いは、慎しんで犯してはならない。このうえなお制法にそむく輩は、私法然の門人ではない。魔の眷属である。決して私の草庵に出入してはならない。今後皆々がこうしたことを耳にするごとに、必ずこの制誡の旨を伝えてくれ。余人を相い伴なってはならない。もしそのようなことをすれば、無法の人と同類とみなすであろう。制誡を犯すような者は、同行・同朋をいかり、師匠を恨むことはできないだろう。自業自得の道理で、その原因はすべて自分の心にあるのだ。

これ故に、今日、各地の念仏者を動員して、一堂に集めて通告するのである。わずかに異端の風聞があっても、はっきりと誰の過失ともわからないので、処置することもできず、歎きながら年月を送ってきた。黙認すべきことではないが、まずできる限り禁止の方策をたてたところである。よってその趣きを記して、門弟に示す次第である。

元久元年十一月七日　　　　沙門源空（花押）

この制誡には、集まった門弟のすべてが署名した。その中に綽空（親鸞）の名も含まれていた。

興福寺の訴え

こうした法然や心ある門弟の努力にもかかわらず、法然が要求した念仏者の守るべき掟を破るものが絶えなかった。そのことは、旧い仏教側をますます刺激し、弾圧の態度を硬化させていった。七ヵ条の制誡が出された翌年、元久二（一二〇五）年の十月になると、今度は奈良の興福寺が動き出した。興福寺は前年法然が叡山に送った起請文の内容が、法然門下の人びとから無視され、守られていないことを指摘して、これを朝廷に訴え、念仏の禁止を要請した。なお、興福寺がかかげた法然門下の罪状というのはつぎの九ヵ条からなっていた。

一、はっきりとした法の相承もなく、勅許をえずして、浄土宗という新しい宗派を勝手に立てたこと。

一、摂取不捨曼荼羅、つまりひとたび済度したら決してこれを捨てないという意味の曼荼羅をつくって、阿弥陀仏は念仏者だけを救い、他の仏教の修行者は救わないのだという意味を図にあらわしたこと。

一、念仏者は、弥陀以外の仏を拝まず、南無阿弥陀仏の念仏以外は口に唱えないのだといって、弥陀の本願を説き教えた釈尊までをも拝まないこと。

一、念仏者は『法華経』などの経典を読むことを、堕地獄の業であるといい、塔をたてたり、仏像をつくることなどのいろいろの功徳を軽侮し、正法をそしり、弥陀の救いからもれるはずの誤りをおかしていること。

一、念仏者は一切の神々を拝まないこと。

一、念仏者は、念仏以外の仏法の修行を拒み、弥陀だけをたのんで、自分の分際をも考えず、浄土について間違った考えをもっていること。

一、念仏には、いろいろの種類があるにもかかわらず、念仏のうちで称名念仏だけをとって、これが弥陀の本願であると主張すること。

一、囲碁・双六・女犯・肉食などは、旧い仏教の僧侶には厳しく誡められているにもかかわらず、念仏者はそれらをすすんで破っていること。

一、念仏者は、他宗派を嫌って、他の法会に加わらないから、将来念仏が盛んになった時、国家の安穏を祈る法会が絶え果ててしまう心配があること。

この興福寺が朝廷に呈した奏状の起草は、奈良仏教防衛の巨頭たる笠置の解脱上人(げだつ)貞慶(じょうけい)の手でなされた。貞慶の主張するところは、一つ一つもっともな指摘であり、当時の念仏者の言動の至るところに見当ることであった。しかし、念仏者たちの行動は、それだけの思想的背景をもっていた。新しい念仏と旧い仏教のいずれが正しいかを決するのは、理論闘争によるべきであった。にもかかわらず、興福寺は、正邪の裁断を朝廷という政治権力に仰いだのである。それも、旧い仏教とは一心同体の形で古代以来車の両輪の如くして生きてきた朝廷に頼って、念仏の禁圧を実現しようとしたのである。

朝廷としては、興福寺の要求をむげに拒否することもできなかった。といってすすんで念仏の弾圧に踏み切ることも不可能であった。朝廷という権力構造のなかには、念仏の救いを肯定している数々の公家貴族が同居していた。たとえば関白九条兼実をはじめ、隆信・公継・実宗・経宗・範宗などの有名公家をはじめとして、多くの念仏支持者がいた。このような事情のなかで、朝廷は、その年もギリギリに押し詰った十二月二十九日、法然門下の違法行為だけを制止するといった挙に出たが、法然自身を罰するといった処置はとらなかった。これで朝廷としては興福寺に一応納得してもらおうと考えたのである。しかし、興福寺は、そのようななまぬるい処置で満足しなかった。強硬に念仏者の処罰を迫った。興福寺の要求を無視しきれなかった朝廷は、明けて二月に法然の有力門下の安楽房遵(じゅん)西(さい)と法本房行空(ぎょうくう)に有罪の判決を下した。この取り調べにあたった三条長兼の日記『三長記』によれば「源空上人一弟二人為レ弘二通念仏一、依レ謗二諸仏諸教一」という罪名によって処罰されている。

要するに念仏を弘めるために、諸仏諸教を批判したというのが法然門下にかぶせられた罪条であった。しかし、この程度のことで、興福寺の衆徒はおさまらなかった。かれらは、京都から念仏者集団の指導者たちを追放するまでは、朝廷突きあげの手を弛めそうにもなかった。そして、法然門下にとって最後の時が訪れた。

流罪

法然教団の京都からの追放にとって最も有力な口実は、念仏者による風紀紊乱の行為を一般論として云々することではなく、具体的に摘発することであった。そして、その口実を朝廷にあたえたのが、住蓮と安楽の二人の門弟であった。住蓮・安楽は当時評判の美声の持ち主であった。かれらが即興的につけた節まわしの念仏は、「哀音（あいおん）」、いうなれば哀調をおびており、念仏にひかれる人びと、なかでも女性の心をシビレさせるに十分なものをもっていた。とりわけ住蓮と安楽のおこなう六時礼讃には人気があつまった。六時というのは、一昼夜を晨朝・日中・日没の昼の三時、初夜・中夜・後夜の夜の三時にわけることをいう。六時礼讃は、昼夜六時にわたって仏の恩徳を讃賞するための念仏の行事である。この六時礼讃は、法然門下のあいだに盛んに行なわれた。

住蓮・安楽はあちらこちらで六時礼讃をおこない、そこに集まる女性の数は他のそれの群をぬいていた。昼夜を通じての法悦のなかで、風紀を乱すといったことが噂さだけでなく現実に頻発し、ようやく世間の問題となりかけていた。法然門下のなかには、六時礼讃に集まる女性と情を通ずるものも目立つようになった。住蓮・安楽は、そうした点でとかくの噂さをたてられていた人物であった。こともあろうに、住蓮や安楽との噂さの相手に、宮廷につかえる女房たちの名も見られたのである。比叡山延暦寺の座主をつとめた慈円も、このことについてその著『愚管抄』のなかで「建永の年、専修念仏の徒に住蓮・安楽というものがいて、各地で六時礼讃を催し、『念仏の行者になれば、女犯を好もうと、魚鳥を食おうと、弥陀は少しもとがめないのだ。つまり女犯肉食おかまいなしである。ひたすら専修念仏の仲間に加わって、念仏の救いだけを信ずれば、必ず最後には弥陀の迎えにあずかって往生出来るのだ』と勧めた。そのため、婦女子などで帰依するものが非常に多く、院の小御所の女房や仁和寺の御室の御母（坊門局）などは、時折、安楽たちを招いて、夜もそこに泊まらせた」と記している。また、法然の門弟が巷に満ちて、事を念仏によせて貴賤の女性や人妻に通ずるものがあったといわれている（『皇帝紀抄』）。

なお、法然の伝記『法然上人行状画図』にも住蓮・安楽の件について、つぎのように記している。

かくて南都・北嶺の訴訟次第にとゞまり、専修念仏の興行無為にすぐるところに、翌年、建永元年十二月九日、後鳥羽院、熊野の臨幸ありき。そのころ上人の門徒、住蓮・安楽等のともがら、東山鹿谷にして別時念仏をはじめ、六時礼讃をつとむ、さだまれるふし拍子なく、をの〱哀歎悲喜の音曲をなすさま、めづらしくたうとかりければ、聴衆おほくあつまりて、発心する人もあまたきこえしなかに、御所の御留守の女房出家の事ありける程に、還幸ののち、あしざまに讒し申人やありけん。おほきに逆鱗ありて、翌年建永二年二月九日、住蓮・安楽を庭上にめされて、罪科せらるゝとき、安楽、「見レ有二修行一起二瞋毒一、方便破壊競生レ怨、如二此生盲闡提輩一、毀二滅頓教一永沈淪、超二過大地微塵劫一未レ可レ得レ離二三途身一」の文を誦しけるに、逆鱗いよいよさかりにして、官人秀能におほせて、六条川原にして安楽を死罪におこなはるゝ時、奉行の官人にいとまをこひ、ひとり日没の礼讃を行ずるに、紫雲そらにみちければ、……諸人あやしみをなすところに、安楽申けるは、念仏数百遍のゝち、十念を唱へんをまちてきるべし。合掌みだれずして、右にふさば、本意をとげぬと知べしといひて、高声念仏数百遍のゝち、十念みちける時きられけるに、いひつるにたがはず、合掌みだれずして右にふしにけり。見聞の諸人随喜の涙をながし、念仏に帰する人おほかりけり。

この記述のすべてについての真偽のほどは別として、住蓮・安楽の両人をめぐる風紀問題が、宮廷の女房にまで及んだことが、法然教団の幹部流罪につながったことは事実であった。朝廷もこのような証拠をつきつけられては、興福寺の要求を、これ以上抑えておくわけにもゆかなかった。そして、ついに建永二（一二〇七）年二月に法然教団の念仏停止の宣旨（せんじ）を発したのである。

その結果、死罪に処せられた者が四人、流罪が八人という犠牲者を出すこととなった。『歎異抄』の奥書は、この事件の結末についてつぎのように記している。

後鳥羽院の時、法然聖人が他力本願念仏宗をおこした。時に興福寺の僧侶が朝廷に訴えた。法然の御弟子のなかに狼藉のことがあるといった無実の風聞によって、罪科に処せられる人数に関する件。

一、法然聖人ならびに御弟子七人流罪、また御弟子四人死罪におこなわれた。法然聖人は土佐国番多というところへ流罪、還俗名は藤井元彦、生年七十六歳。親鸞は越後国、還俗名は藤井善信、生年三十五歳。浄聞房は備後国、澄西禅光房は伯耆国、好覚房は伊豆国、行空法本房は佐渡国。このほか幸西成覚房・善恵房の二人も同じく遠流に決定した。しかし、無動寺の善題大僧正が二人をあずかり、刑の執行は行なわれなかった。したがって、遠流の人びとは法然以下八人であった。

流罪の人びとを列記した後に、『歎異抄』の奥書は死罪に処せられた人びとについて「一番　西意善綽房、二番　性願房、三番　住蓮房、四番　安楽房」の名をあげている。

法然教団にとって来たるべき時がきたわけである。しかも、数ある法然門下のなかで、親鸞は流罪の責任をとらされている。おそらく、旧い仏教側では、念仏の布教の激しい者のリスト、風紀紊乱の噂ある者のリストなどを前々から用意していたのであろう。そうしたリストのなかから流罪・死罪の者が選び出されたのであろう。それはともかくとして、親鸞は当時の規定に従って還俗名を藤井善信と改めさせられ、配流の地越後に送られることとなった。

愚禿親鸞

親鸞が流された地は越後国の国府（今の上越市）であった。建永二年二月に罪がきまり、その年改元があって建永二年は承元元年となり、その三月に、親鸞は三十五歳にして京都を追われた。念仏の布教の激しさと旧い仏教の批判の罪に問われたのである。親鸞は還俗させられ俗名をあたえられた時、僧にあらず俗にあらずという立場に立ち、禿の字をもって姓とし、愚禿親鸞と称した。

親鸞にしてみれば、念仏者にたいしてとった朝廷の今回の処置は、極めて不本意に感じられた。末法の世の唯一つの救いである念仏の布教は、親鸞にとって正義の行動であり、生涯かけて貫き通さなければならない宗教的使命であった。にもかかわらず、親鸞自身としては、罪なくして流されるのである。旧い仏教のとった卑劣ともいえる手段と、それに同調した朝廷に限りない憤りを感じずにはおられなかった。

　このような旧い仏教と朝廷の処置にたいして、親鸞は後年、かれの著書『教行信証』の化身土巻の末尾に、配流にいたった事情を記すと共に、朝廷の処置を厳しく批判したつぎのような文章をのせている。

> ひそかに考えてみれば、聖道自力の諸教のように修行をすることと、その悟りをうることは、もう遠い昔からすたれ、名ばかりになっている。これに反して浄土真宗の他力易行（いぎょう）の教えは、今や末法の時期と人間にふさわしい法として、一天四海にさかんに弘まっている。しかるに、南都・北嶺の諸大寺の僧侶たちは、釈尊の教えが、正・像・末三期にわたって廃絶する道理にくらいため、浄土門は真実、聖道門は権仮方便の教えであることをしらない。また、京都の儒者たちも、実際におこなうべき行法の取捨に迷って見分けがつかない。そのため、現世利益の祈禱などを事とする邪道と、正しい仏教の道理を区別することができない。
>
> 　このような有様であるから、南都興福寺の学僧たちが、承元元年二月上旬、後鳥羽上皇および土御門天皇に上奏して、念仏禁止を訴えるにいたった。憶（ああ）、なんという非法であろう。天皇も臣下も、天下の大法に背き、正義にたがい、みだりに無法の忿りをおこし、怨をむすび、ついにか

れら無法の学徒たちの訴えを認めて、ついに浄土真宗をはじめてわが国におこした源空（法然）聖人をはじめとして、門下のすぐれた人びとにたいして、罪の如何をも考えず、ほしいままに死罪をおこなった。また、僧侶の資格を奪って俗姓をたまい、遠国に配流した。われ愚禿親鸞もその一人である。だから、罪をうけたうえは、もう僧侶でもなければ、また俗人でもない。それゆえに破戒僧の異名といわれる禿の字をもって自分の姓としたのである。

親鸞は、後年にいたって、承元元年、三十五歳の時の念仏禁止と流罪の体験を追憶しただけでも、やり場のない怒りを感ぜずにはいられなかったのである。その怒りの気持を親鸞は、後にできる『教行信証』のなかに以上のように書き記したのである。流罪の罪をこうむり、京都を追われる時点の親鸞のなまなましい心情は、察するになお余りあるものがあったといえよう。この間の事情について『本願寺聖人伝絵』は「浄土宗興行によりて、聖道門廃退す、是空師（法然）の所為なりとて、忽に、罪科せらるべきよし、南北の碩才、憤申けり」と記し、その後に前述の教行信証の化身土巻の文章を引いている。

親鸞の憤りがどうであろうと、親鸞は京を追われて配流の地越後に赴かなければならなかった。流人となれば、妻や子善鸞をともなってゆくこともできなかった。京の都から越後といえば長い道のりである。精一杯身軽るな旅装であったろう。しかし、親鸞は、なにものを捨てても、最後まで手離すことのできないものがあった。それは、比叡山延暦寺における二十年の修行生活のなかで、あらゆる教・論・釈の書物からの書き抜きであった。そのなかには、末法の世の煩悩具足の人間を、煩悩具足のままで、仏にしてくれる弥陀の救いを証明する経・論・釈の抜き書きが多く含まれていたことであろう。

師法然のもとをはなれて、ひとり過ごさなければならなくなる親鸞にとって、師法然にかわって親鸞の心に湧きおこる疑問やさまざまの問題に解答をあたえてくれるものは、叡山で、そして法然のもとにあった五年のあいだに集めた教・論・釈の抜き書き以外にはなかった。

念仏の布教が激しいゆえに、旧い価値観への批判と否定が厳しいがゆえに、その罪を問われて越後に流された親鸞は、その地で流人として、どのような生活を送ったのだろうか。

Ⅳ　越後の親鸞

死との闘い

愚禿親鸞の越後での生活は、朝廷からの手厚い保護をうけての生活ではなかった。流罪といえば聞えもよいが、体のよい死罪ともいえるのが、当時の流人の生活であった。流人の生活環境については数々の悲話が残されている。かつて、右大臣の要職にあり、太宰の権帥の身分で流された菅原道真と幼い子らにたいして、時の政府は配流の旅の半ばにして、食をあたえるなという命令を出したほどである。配流の地で生きることの難しさを前の右大臣の場合でもひしひしと思わせる。鹿ヶ谷の陰謀の責任を問われて俊寛僧都以下の院の近臣らが流された時も同じであった。配所の衣食住の生活を、自分たちの手でまかなわなければならなかった。また、後に日蓮が佐渡に流された時とても同じであった。それは武士の場合も同様であった。源頼朝が伊豆国北条の蛭が小島に流された時も、流されっぱなしであった。すべての流人たちは、配所の地の心ある人の情にすがって、しかもひと目をしのんだ情にすがって生きてゆくのが普通であった。

当時の宗教の世界にあっては、異端者と目された一介の沙弥親鸞、愚禿親鸞の配所の生活の厳しさは、想像をこえるものがあったろう。斜陽とはいえ公家貴族の家に生まれ、叡山で過ごし、京の巷で念仏の布教に三十五歳まで生きてきた親鸞である。みずからの衣食住の糧を、自分の手でまかなうといった経験を持ちあわせていなかった。そうした親鸞が、自分の力で自分の生命（いのち）を維持しつづけることになったのである。

親鸞は、配流の地で新しい念仏の救いを人びとに教えて信じさせる行動がとりえたならば、親鸞ひとりが生きてゆくことなど困難なことではなかったろう。だが、親鸞は、京都において、念仏の布教の激しさと旧い仏教の批判の故に流罪に処せられたのである。越後の地においても、親鸞の配所をめぐる宗教的環境は京都とそれほどの違いはなかった。古代以来、旧い仏教が越後の村々にも寺院を構え、自分たちの説いてきた価値観を否定する異端者にたいしては、厳しい監視の目を光らせていた。都から仏教界の異端者親鸞が流されてくることに最も大きな関心を払ったのも、越後の地の旧い仏教の人びとであった。そのような環境のなかで、親鸞は罪の解かれるまでは、念仏の布教など思いもよらなかった。そこに、親鸞の生きてゆくことの難しさがあった。

親鸞はすでに、二十九歳の時、信心決定し、死をむかえた時煩悩具足のほとけ親鸞が、極楽浄土の仏になれることが弥陀から約束されていたはずである。親鸞は生きることの難かしさのなかで、それほど生（せい）に執着する必要もなかったはずである。当時の世は、極楽浄土に行き急いで、焼身（しょうしん）・入水（じゅすい）などによって死んでゆく者すら多く出た時代である。だからといって、親鸞は踊躍歓喜すべき往生を心から喜ぶ心境になれなかった。『歎異抄』にも見える唯円との対話にもあるように、それは煩悩がそうさせるのであり、そのことが弥陀の救いの確かなる証拠でもあった。他力の念仏者親鸞にとっては、往生の早からんことを喜んでいられない大きな理由があった。

他力の念仏者となった親鸞の生涯を通じて、みずから背負った宗教的使命こそ、自分を救ってくれた弥陀にたいする御恩報謝としての念仏の布教であった。自ら弥陀の本願を信じて、これをひとに教えて信じさせることは、難しいなかにも極めて難しいことであるが、それこそ弥陀にたいする、ほんとうの御恩報謝になるのだ。これが他力の念仏者親鸞の生涯を律した座右の言葉であった。御恩報謝の念仏布教という使命があるゆえに、たとえ機会が到来したからといって、極楽往生をいそぐわけにはゆかない親鸞であった。親鸞としては一年でも、一月でも、一日でも生きながらえて、御恩報謝の念仏布教の成果をあげなければならなかった。そして、背負い切れぬほどの他力の念仏者のリストをたずさえて、弥陀のもとにゆくことが、親鸞の人生の最大の目的となっていた。そのためには、どのように苦しかろうとも、辛かろうとも、ともかくも流罪の罪が解かれるまで、御恩報謝の念仏一つせずに、じっと耐え忍ばなければならなかった。親鸞は生きながらえなければならなかった。

承元元（一二〇七）年の春もすぎ、夏も秋も、そして冬もすぎた。親鸞は一日千秋の思いで罪を許すという報せが都から届くのを待った。承元元年という年は、親鸞の生涯のなかで、最もながい年であった。ながい年は一年で終わらなかった。翌年も、その翌年もつづいた。親鸞にとっては、まさに生きうる限界まできたことであろう。そのようななかで、親鸞は、結婚することとなった。身一つを養いかねた親鸞が、妻などめとってどうするのだろう。また、京都には親鸞の帰えりを今日か、明日かと待ちこがれている妻と子がいたはずである。

恵信尼とその実家

親鸞が、越後で結ばれた女性の名を恵信尼という。おそらく、親鸞と結婚してから法名として恵信尼を称したのであろう。恵信尼の実家は、越後国の土豪三善為教といわれている。このことに関して藤島達朗氏は「鎌倉初頭から室町初期にわたり、この辺に勢力のあった三善氏なる存在を考えることが出来る。即ち越後国府近く三善氏なる豪族が、大たい恵信尼公の時代を通じて存在し、名の一字こそ異なれ音は同じ為則（為教）もいることは事実であるということである。次に尼公その人は、消息にみる如く文字も達者であり、文章も委曲をつくし、その教養は高い。そして消息六通でわかるように、平素日記をつけていたらしい。日記をつけるというようなことは、下層階級の人の出来ることではない。又消息第一、第二通によると、晩年のことではあるが、王御前（覚信尼公）に下人を八人譲っていられる。下人をこのように所有していられたということから、その当時の尼公の家の状態が、そう悪いものであったとは考えられない。更に第七、第八通をみれば、丈七尺という壮大な五重の石塔の造立を発願していられる。これも晩年のことではあるが、やはり尼公の家の風格というものを考えしめるものではないか等々。以上三点から尼公の生まれられた家は、相当な家庭であったであろうと一応結論するのである。で、さきのように三善氏という豪族がこの地にあって為則なる人が居り、尼公もこの辺の有力な家庭の出身であるとすれば、三善為教の女という『大谷一流系図』の説も大たい信ぜられるのではないかというわけである」（藤島達朗著『恵信尼公』）といっている。

藤島氏は、恵信尼の実家を三善為教という豪族に推定している。恵信尼を「兵部大輔三善為教女」とする『大谷一流系図』は、恵信尼没後三百年近い後の世に書かれたものであるが、恵信尼を三善為教の女とする説は、かなり信憑性をもつものと考えてよさそうである。一歩譲って、恵信尼と三善為教との具体的関係を否定しても、恵信尼の実家が越後の豪族であったことは肯定されてよかろう。

ここで考えておきたいことは、土豪とか豪族という名で呼ばれる人びとの経済的・社会的地位である。かれらは村々に館を構え、周囲の農民を経済的に、政治的に支配している武士である。土豪・豪族が鎌倉の将軍と主従の関係をむすべば、御家人となり、地頭となる。かれらは祖先伝来の田畠をかなりの広さで所有していた。土豪の大小によって差があることはいうまでもないが、小にしても五十町歩、大にしては数百町歩の土地を支配していたものも少なくない。そのような所領は、大部分は、その土豪の本拠の近くに存在していたが、若干の飛び地を遠国にもっている場合が多かった。関東の土豪が、飛び地を奥州から九州にかけて数ヵ所ももっていた場合もみられる。関東の新田氏の一族鳥山時成の後家しゐんが亡夫から譲りうけた所領は、上野国新田庄鳥山庄内田在家、越後国波多岐庄八馬村内田畠在家、越後国波多岐庄今泉村内田畠在家、越後国波多岐庄深見村倉俣村田畠在家などであった（長楽寺文書）。関東の鳥山氏は上野国・越後国にまたがって所領をもっていたことが知られる。このように関東の土豪にみられる土地の所有のしかたは、越後国の土豪の場合にもあてはまると考えてよかろう。

つまり、恵信尼の実家である土豪が、越後国に本領をもち、若干の飛び地を関東にもったことも考えられる。しかも、飛び地の管理はいろいろの点で難かしい問題をはらんでいた。そのため、土豪たちは、遠方の飛び地をお互いに交換して一ヵ所に集める傾向をもっていた。だが、交換もちょうどよい相手と土地の条件がそろわなければ不可能であった。そのため、不便を感じながらも飛び地をもちつづけなければならなかった。

ともかく、流人親鸞は土豪の娘恵信尼と結婚した。身一つを養いかねた親鸞は、妻恵信尼を養うという点では心配はなかった。むしろ、恵信尼と結婚することによって、親鸞は、死との闘いから解放されるという結果を得たのである。それにしても親鸞は、京都と越後に、同時に二人の妻をもったことになる。今日の男女間の倫理からすれば、許すことの出来ない背徳行為である。しかし、現代における一夫一婦という男女の価値観で、鎌倉時代のそれを推しはかることは間違いである。鎌倉時代の男女関係は、一夫多妻が当然の倫理と考えられていた。これは平安時代も同じであり、室町時代になっても変ることはなかった。天皇・公家貴族・武士の系図に記されている範囲においても、一夫多妻の一端を知ることができる。親鸞が煩悩を断ずることなく、煩悩具足のままの救いを弥陀の本願に見い出し、京都で妻帯に踏み切った以上、妻を二人もとうと、三人もとうと、親鸞自身にとっても、また当時の社会にとっても、別に批難さるべきことではなかった。

やがて親鸞と恵信尼とのあいだに男の子が生まれたのが、建暦元（一二一一）年三月であった。その名を信蓮房とつけた。しかし、まだ、親鸞の罪を許すという報せは都からこなかった。越後に流されてから、もう三年の月日が過ぎていた。その間、親鸞は念仏の布教をじっとこらえて過さなければならなかった。このことは親鸞にとってなによりも苦痛であった。親鸞は、その間、京都における六年間の念仏布教の実践のあとをふり返えり、自分の思想と行動について考える時間を十分にもちえたのである。末法の世の唯一つの救いが念仏であり、念仏によって救われた人びとのとるべき行動は御恩報謝のための念仏布教以外にないのだ。親鸞は、自分が今までとり、今後もとりつづけようとしている念仏者としての態度は、決して間違っていないのだという確信を深めていった。そのような親鸞の確信を支えたものこそ、親鸞が配流の時、離すことなくたずさえてきた念仏信仰を支える経・論・釈の抜き書きであったと考えられるのである。親鸞は、流人の生活のなかで、念仏の「信」を、「行」を、そしてその「証」を支える論理を整理する時間をもちえたのである。

このような越後における親鸞の生活に終止符が打たれる時がきた。それは、信蓮房が生まれた半年後の建暦元（一二一一）年十一月も半ばをすぎたころであった。待ちに待った流罪の罪が解かれたのである。

岐路に立つ親鸞

親鸞と時を同じうして、師法然も流罪が解かれた。自由を取りもどした親鸞にとっては、帰洛の問題が考えられ、再び京都の生活が、当然のことながら予想された。雪に閉された京都への旅路を思った時、親鸞は年が明けて春の訪れを待つことにした。明けて建暦二年になった或る日、親鸞は耳を疑いたくなるような報せに接した。それは正月二十五日、法然が、帰京後間もなく八十歳で往生をとげたという報せであった。親鸞を他力の念仏者として取りあげてくれた助産婦役法然。法然にだまされて念仏して地獄におちても後悔しないとまで傾倒した親鸞。法然のゆくところがたとえ地獄であろうとも、ついてゆくとまで惚れ込んだ親鸞である。よき師法然の死は、親鸞の将来を決定するうえに大きな条件となった。

法然門下の念仏布教の尖兵たちの流罪が解かれはしたものの、依然として京都の地は念仏の布教という点では極めて不自由な地であることに変わりはなかった。旧い仏教の目が、前にも増して厳しく念仏者たちのうえに注がれつづけられている地が、京都であった。親鸞の人生における使命は、弥陀への報恩のための念仏の布教がすべてであった。その使命の達成のためには、親鸞はあらゆるものを犠牲にしても悔いることがなかった。しかも、京都に帰っても、師法然に会える機会を永遠に失なってしまった親鸞である。そのような親鸞にとって、京都に帰って、その地を生涯にわたっての弥陀への御恩報謝の地として選ぶことは無意味に近いこととなった。それにしても、罪を許された親鸞は、これからさきの人生の態度の決断を迫まられているのである。京都に帰るか、そのまま越後にとどまって、越後の地を生涯の布教の場として選ぶかの、二者択一の岐路に親鸞は立たされたのである。

親鸞の決断は後者、つまり越後の地を選ぶことにくだされた。そして、その時から親鸞の念仏布教は熱っぽさを倍加してはじめられた。末法の世の救いは弥陀一仏だけなのだ。人間は煩悩具足の悪人であり、その煩悩はどのような宗教的行によっても、剝ぎとることはできないのだ。したがって、われわれ凡夫はどのような宗教的行によっても救われることがないのだ。しかし、阿弥陀仏は煩悩熾盛の凡夫・悪人こそ正機として救ってくださるのだ。親鸞はそうしたさまざまな宗教的体験を経過して、煩悩具足の凡夫のままで、仏として救っていただいたのである。末法の世の凡夫は罪の軽重など弥陀の本願の前において気にする必要はないのだ。弥陀の本願の不可思議の力は、凡夫のあらゆる善悪の行為を超越して、煩悩具足のままの姿で救ってくれるのだ。このような念仏の救いを、親鸞は自己の体験とこれを支える学問を駆使して、懸命に越後の庶民に説きつづけた。

救いという点で弥陀一仏だけを認め、諸神・諸仏・諸菩薩に祈ることを否定する親鸞の救いの論理が、越後の地においても旧い仏教の人びとを強く刺激したことはいうまでもない。親鸞が否定したのは諸神・諸仏の存在そのものではなかった。救いという点で諸神・諸仏にたのまないという性格の論理であった。しかし、旧い仏教の人びとは、自己の存在意義の全面的否定として、親鸞の発言をうけとったことは、京都の場合と同様であった。越後の村々にも旧い仏教の寺院や神々の社が網の目のように張りめぐらされていた。親鸞の念仏布教の成果があがればあがるほど、旧い神仏側からのさまざまの迫害と弾圧は不可避であった。

しかも、弥陀の本願の救いのあることをはじめて教えられ、念仏の信者となった越後の庶民のなかには、煩悩具足の悪人こそ救われる、弥陀の本願は人間の善悪の行為を超越して救いの力を発揮するのだ、弥陀一仏を信ずれば、救いという点ではそのほかの諸神・諸仏を信ずる必要がないのだ、どのような悪や罪の行為も、弥陀の救いの障害にはならないのだ、このような教えを聞いた時、弥陀の本願に甘え、弥陀の本願をかさに着て、造悪無碍、諸神・諸仏を否定する言動をあえて行なう者がでたのである。このような人びとを「本願ぼこり」と呼んだ。親鸞は、一般の念仏者が「本願ぼこりの念仏者は救われないのだ」といっているのを聞いて、「本願ぼこりの念仏者だからといって、弥陀の本願を信ずるからこそ、弥陀の本願に甘えることも出来るのだ。本願ぼこりの念仏者が救われないということは、弥陀の本願の理解が足りないからである」という意味の見解を残している。

それは、本願ぼこりと弥陀の救いにかんする親鸞の一般論的見解であり、本願ぼこりの念仏者の行動に具体的にふれた時親鸞は、悪は救いの障害にならないからといって、してはならないことを行ない、言ってはならないことを言い、思ってはならないことを思うということは、念仏者としてあるまじき行為であると誡めている。これは、親鸞の晩年に関東の念仏者のあいだでおこった本願ぼこり的言動にたいする親鸞の発言であるが、そのことは、越後の場合にもあてはまることである。さらに親鸞は、本願ぼこりについて、つぎのような誡めの言葉を残している。

まったく聖教の教えも知らず、また浄土教の奥底をも知らずに、正気の沙汰とも思われない恥知らずの者どものなかに、悪は思う存分おこなえ、ということは全く言語道断のことです。……凡夫だからといって、なにごとも思うままに振る舞ってよいのだといって盗みをもし、人をも殺しなどしてよいものであろうか。念仏者になる以前には、盗み心のあった人も、極楽を願い、念仏を申すようになったならば、以前の曲った心を考え直すべきであるのに、念仏者としての兆候もない人びとに、悪はいくら行なっても苦しくないなどということは、ゆめゆめあってはならないことです。煩悩に狂わされて、思いがけず、してはならないことを振る舞い、言ってはならないことをも言い、思ってはならないことを思うといった場合は、止むを得ないのです。だからといって、妨げにならないからといって、人のためにも腹黒く、してはならないことをもし、言ってはならないことを言うことは、煩悩に狂わされて行なったことにはならないで、わざとしてはならないことをすることは、決して決してあってはならないことです。（十一月二十四日親鸞消息）

親鸞の教えを曲解した念仏者たちのなかには、親鸞の予期しない方向に暴走する者が続出した。それは、親鸞の晩年の関東の念仏者のあいだだけに見られることではなく、越後における念仏のひろがりにおいても、起ったことと見てよかろう。

このような行動が念仏者のなかの一部に見られたとしても、念仏者全体の数が微々たるあいだは、それほどの社会的・政治的問題にはならなかった。しかし、念仏の布教の成果が急速にあがり、多くの農民が念仏者として組織されてくると、一部の本願ぼこりの念仏者の言動は、この上もない念仏弾圧のよい口実となった。では、流罪を解かれ、越後の地を御恩報謝の生涯の地と決めた親鸞の布教は、二、三年の間にどのくらいの成果を生んだのであろうか。この問題に解答をあたえてくれる史料は、極めて少ないが、あえて推察をしてみよう。

念仏のひろまりと弾圧

親鸞の布教と念仏のひろがりについて、われわれにその成果を物語ってくれる史料の一つが、親鸞の没後八十二年後の康永三（一三四四）年につくられた『親鸞聖人門侶交名牒』である。このなかには、越後国の門弟として覚善の名が記されているだけである。『親鸞聖人門侶交名牒』の記載を額面のままうけとって、越後国に弟子一人といえば、親鸞は越後の国では布教など全くしなかったのであろうという見解が出されるのも無理からぬことである。

しかし、交名牒が、親鸞の布教に接して念仏者となった人びとの名をすべて記載したものでないことは、敢えて論証の必要もあるまい。名もない念仏者が親鸞の布教にふれて数を増し、念仏者は次々に念仏者を生んでいったということは考えてもよいであろう。後の世に親鸞の門弟として名をとどめるほどの念仏者は越後だけでなく、関東・京都においても極めて微々たるものであった。それにたいして、無名の念仏者が越後の村々に増えていったということは、念仏の布教こそ弥陀への報恩と感じ、それを生涯の使命とした親鸞の行動のなかから推察しても決して間違いではあるまい。

このような推察を前提として考えをすすめると、罪を許され、布教という点で自由の翼を取りもどした親鸞が、建暦元（一二一一）年から三年もすぎたころには、国府を中心とした越後の村々にはかなりの農民が、念仏者として新しい人生をあゆみはじめたと考えてよかろう。村々には、熱心な念仏者を中心に、二十人、三十人、五十人、多くなれば百人をはるかに越えるほどの念仏者の組織が生まれたと考えられる。こうした農民の念仏への帰依は、越後の村々の仏教の世界を大きく刺激しただけではなかった。越後の地においても、京都と同じように旧い仏教と土豪たち、いうなれば草貴族たちが一心同体の関係にあったのである。そこに、念仏の発展が弾圧を呼びおこすといった事態が予想される。越後の土豪は、旧い仏教からの突きあげによって弾圧の挙に出るといった消極的な態度だけでなく、土豪自身にとっても、念仏の発展を黙止することができない理由が考えられる。

その理由というのは、村々の土豪の農民支配の原則ともいうべきものを、念仏の発展がゆさぶったからである。土豪たちの農民支配は、農民に組織を許すことなく、未組織のバラバラの農民を、土豪たちだけが組織された力をもって支配してゆくことを理想としていた。この農民支配の原則が、念仏の信仰を核とする連帯感を農民にあたえることによって動揺を生みはじめるかに思われたのである。心に弥陀の救いを信じ、無碍の一道の人生をあゆみはじめた農民が、名もない坊主を中心に、五十人、百人といった組織を村々で持ちはじめたのである。念仏の発展と農民の組織の拡大が村々を覆いはじめた時、越後の旧い仏教と土豪たちは手をむすんで念仏の弾圧にのり出すのである。そして、越後の農民に新しい価値観と組織をあたえた元凶ともいえる親鸞にたいして弾圧の鉾さきが向けられてゆく。

それにしても、念仏弾圧には具体的な口実が必要であった。その口実は、本願ぼこりの念仏者の言動のなかに、いくらでも見い出せた。親鸞が、越後において報恩のための布教を活発に展開しはじめて三年もすぎたころには、土豪たちによる念仏弾圧と親鸞追放の動きが目立って来た。このまま親鸞が越後において念仏の布教をつづける限り、親鸞の身に越後から流罪による追放の手が伸びることは不可避であった。京都において念仏の布教の激しさと旧い仏教への批判故に流罪になった親鸞である。そうした流罪の生活が、念仏の布教をおのれの使命とする親鸞にとって、どのように苦しいものであったかはすでに体験ずみであった。親鸞としては、政治権力による流罪の生活は、どのようにしても避けなければならなかった。親鸞は政治権力の手が、自分の身におよぶ前に念仏の布教を放棄するか、越後を去って新しい地で布教をつづけるかの岐路に立たされたのである。もちろん親鸞は、越後を去って新しい天地での報恩のための布教の道をえらんだ。

それにしても、親鸞は自ら越後を去るのである。念仏の縁つきた地として越後を去るからには、妻恵信尼とわが子信蓮房を残してゆくわけにはいかない。新しい念仏を説く親鸞ひとりなら、どこの地においても身一つは過ごせたであろう。だが、妻をつれ、子をつれた僧の姿は、まだまだどの地においても直ぐには受けいれなかったであろう。当時の僧侶のイメージと余りにもかけはなれていたからである。妻子を伴なっての新しい土地での布教にあたって、まず考えておかなければならないことは、一家三人、あるいは生まれてくる子たちのための生活の糧であった。そのようなことを考えると、親鸞はいずれの地を新しい念仏布教の場とも選びかねて迷ったのである。

東国への旅

親鸞の苦悩は妻恵信尼の苦悩であり、親鸞の義理の父母の悩みでもあった。恵信尼は親鸞と共に、新しい布教の地として何処を選ぶかについても話しあったことであろう。その間にも旧い仏教と土豪たちの親鸞追放の動きは活発さをましていった。恵信尼は結婚後も、実家へはしばしば出入していた。事態が切迫した段階で恵信尼は夫親鸞の苦衷を父に語り、よい知恵はないものかといった相談をもちかけたであろう。恵信尼は、親鸞一家が越後を去って新しい土地での布教を真剣に考えているといったことも、父に話したことであろう。

こうした親鸞の気持をはじめて知らされた義父としては、胸のつかえが一挙におりた心境になった。というのは、義父は越後の土豪であり、念仏の発展を黙視できぬ人びとに属していた。恵信尼の父は、村々の土豪たちと手をむすんで農民たちの念仏信仰を抑え、念仏布教の張本人である親鸞を越後から追わなければならない立場にあったのである。しかも、追うべき親鸞は、可愛い娘恵信尼の夫である。かなうことなら、自分たちが手をくだすことなく、親鸞自らが越後を去ってくれたらと義父は考えたことであろう。そのような時、恵信尼から親鸞の気持を聞かされた時の義父一家の喜びは、ひとしおであったろう。越後を離れるにしても、明日からの生活の糧、新しい地での生活はどうするかがすぐ問題である。それについては、義父に一つの解決策があった。前にも述べたように、土豪ともなれば、かなりの所領を持っているのが常識であった。しかも、越後に本領をもつ土豪が、飛び地の一、二町歩を関東の地に持っていることも不思議ではない。その飛び地の管理に手を焼いているのも当時の実情であった。恵信尼の実家にもそのような条件がそなわっていたと推察しよう。

義父は娘恵信尼夫婦が新しい地を選ぶならば、関東がよかろう、関東の地は新しい武家政府の所在地でもあり、自分の飛び地一、二町歩が常陸国は稲田の近くにあるのだ、この土地からの小作料を娘夫婦の新生活への門出に贈ろうではないか、このような話しが、父から恵信尼に伝えられたと考えたい。恵信尼はそれを夫親鸞に伝える。親鸞にとっては、まさに渡りに船といった話しであった。このような事情のなかで、親鸞の新しい布教の地が、関東と決まったのだと私は考えたい。念仏の縁つきた越後を去って、関東での念仏布教を決意したのが、建保二（一二一四）年、親鸞四十二歳の時であった。

親鸞は妻恵信尼とのあいだに、その時四歳の声を聞いたばかりの信蓮房の手をひいて関東への旅路に、胸を踊らせながら出発した。越後の念仏者たちは、親鸞との長の別れを悲しみ、越後にとどまってくれと引きとめたことであろう。だが、それもどうにもならぬ運命と知った時、親鸞一家を、ある者は村境まで、またある者は国境まで見送ったことであろう。そのなかには、義父一家の人びとの姿もあったであろう。親鸞一家は関東へのながい旅路を、信濃国から上野国をへて下野国に入り、下野国は室の八島あたりをぬけて、常陸国（茨城県）に入った。関東への旅は苦しくはあったが、希望で胸のふくらむ思いの旅であった。親鸞一家は、ながい旅路のすえに上野国邑楽郡佐貫庄までたどりついた。あと一息で待つこと久しい常陸国である。明日からは、誰にはばかることなく弥陀への御恩報謝のための念仏布教がはじめられるのだ。親鸞の心は、新しい地での布教を思う時、喜びと不安が交錯した。

ところが、そのような重大な時点で、親鸞にとって全く意外とも思われる行動がとられた。いうなれば他力の念仏者としてはあるまじき宗教的行為を親鸞がとったのである。それが、佐貫庄における三部経千部読誦という行動であった。このことをわれわれに物語ってくれるのが、恵信尼のつぎにかかげる手紙である。

三部経千部読誦

善信の御房、寛喜三年四月十四日午（うま）の時ばかりより、風邪心地すこしおぼえて、その夕さりより臥して、大事におはしますに、腰・膝をも打たせず、てんせい、看病人をも寄せず、たゞ音もせずして、臥しておはしませば、御身をさぐれば、暖かなる事、火のごとし。頭のうたせ給事なのめならず。さて、臥して四日と申暁（あかつき）、苦しきに、「まはさてあらん」と仰せらるれば、「なにごとぞ、たわごとゝかや申事か」と申せば、「たわごとにてもなし。臥して二日と申日より、大経を読む事、ひまもなし。たま〳〵目を閉(ふさ)げば、経の文字の一字も残らず、きら〳〵かに、つぶさに見ゆる也。さて、これこそ心得ぬ事なれ。念仏の信心より外には、何事か心にかゝるべきと思て、よく〳〵案じてみれば、この十七八年がそのかみ、げに〳〵しく三部経を千部読みて、衆生利益のためにとて、読み始めてありしを、これは何事ぞ、「自信教人信、難中転更難」とて、自づから信じ、人をおしへて信ぜしむる事、まことの仏恩を報ゐたてまつるものと信じながら、名号の他には何事の不足にて、必ず経を読まんとするやと思かへして、読まざりし事の、されば、なほも少し残る所のありけるや。人の執心・自力の信はよく〳〵思慮あるべしと思ひなして後は、経読むことは止りぬ。さて臥して四日と申あか月、まはさてあらん、とは申(もうす)也」と仰せられて、やがて汗垂りて、よくならせ給て候也。

三部経、げに〳〵しく、千部読まんと候し事は、信蓮房の四の年、武蔵の国やらん、上野の国やらん、佐貫と申所にて、読み始めて、四五日ばかりありて、思かえして読ませ給はで、常陸へはおはしまして候しなり。

信蓮房は未の年三月三日の昼、生れて候しかば、今年は五十三やらんとぞおぼえ候。

弘長三年二月十日　　　恵　信

まず、この手紙の内容から考えてゆこう。善信の御房（親鸞）は、寛喜三（一二三一）年四月十四日の正午ごろから風邪気をおぼえて、その日の夕方から床につき、大変重いようでございました。それでも私（恵信）に腰・膝をうたさせもせず、全く看病人をもそばへ寄せつけず、ただ黙ってやすんでおりましたので、お体をさぐったところ、火のように熱つうございました。ご自分で頭をおうちになることも普通ではございませんでした。そして、床について四日目の明け方、苦しいなかに「ああ、そうだ」と仰せられたので私は「なにごとでございましょうか、たわごとでも申しましたか」とたずねたところ「たわごとではありません。床について二日目から無量寿経を読みつづけています。時々目をふさぐと無量寿経の文字が一字も残ることなく、はっきりと全部見えるのです。さあ、これは理解に苦しむことだ、念仏の信心よりほかには、なにごとが気掛りになろうかと思って、よくよく考えてみれば、この十七、八年昔、一生懸命に三部経を千部読んで、その功徳を人びとに施こそうとて、三部経を読みはじめたのです。ところが、これは一体どうしたことか、「自信教人信、難中転更難」といって、弥陀の本願をみずから信じ、これを人に教えて信ぜさせることは、難しいなかにも極めて難しいことである。だが、弥陀の大悲を普く人に教えて念仏者とすることが、ほんとうに仏恩に報いたてまつるものと信じていながら、南無阿弥陀仏の名号のほかになんの不足があって、そのように経を読もうとしているのかと反省して三部経千部読むことを止めてしまったことがあります。だから、そのことがなお少し心の底に残っていたのでしょうか。人間のとらわれ心、自力の善をつみあげようとする信心というものは、よくよく考えなければならないのだと考え直してから後は、経を読むということをしなくなったのです。そこで、床について四日目の明け方、ああそうだ、と言ったのです」

と親鸞はおっしゃって、間もなく汗が流れて、風邪がおなおりになりました。

三部経を一生懸命に千部読もうとなさったことは、信蓮房（恵信の長男）の四歳の時で、関東の武蔵国であったろうか、それとも上野国であったろうか、越後から佐貫というところに着いた時、読みはじめまして、四、五日ばかりすぎてから、反省して三部経を読むことをお止めになって、そのまま常陸国へおいでになったのです。

信蓮房は建暦元（一二一一）年三月三日の昼、生まれたのですから、今年は五十三歳になっていると思われます。

以上が、弘長三年二月十日の恵信尼の手紙の内容のあらましである。この手紙の内容から知られることは、親鸞は四十二歳と五十九歳の二度にわたって、他力の念仏者らしくない行為、つまり衆生利益のために三部経を千部読もうとしたという事実である。

助業を捨て切れぬ親鸞

この行為は、明らかに他力の念仏においては助業（じょごう）といわれる行為である。煩悩具足の人間が浄土に救われる行（ぎょう）として、読誦・観察・礼拝・称名・讃歎供養の五種類の行がある。そのなかで、第四番目の称名（念仏）を正定業とする。残りの四種の行を正定業を助ける助業としている。親鸞は、正定業と助業を並べて修することは雑行・雑修であるといって否定する立場をとっている。親鸞は『一念多念文意』のなかで「助業をこのむもの、これすなわち自力をはげむひとなり。自力といふは、わがみをたのみ、わがこゝろをたのむ、わがちからをはげみ、わがさまぐの善根をたのむひとなり」といっている。また、親鸞晩年の作になる『高僧和讃』には雑修、つまり助業についてつぎのようにのべている。

助正ならべて修するを
すなはち雑修となづけたり
一心をえざるひとなれば
仏恩報ずるこゝろなし

助業と正定業を区別せず並べて修するのを雑修となづけている。これは弥陀の本願を心から信じ切れない人であるから、救われることなく、したがって救われたことへの仏恩報謝の心が起らない、という意味である。親鸞は助業を伴なう信仰生活は念仏者においては、救われることなく、御恩報謝もありえないといっている。にもかかわらず親鸞は二十九歳から四十二歳の佐貫庄に身をおくまで信心決定し、救われた喜びをかみしめ、報恩の布教をおのれの使命として生きてきたのである。

仏号むねと修すれど
現世をいのる行者をば
これも雑修となづけてぞ
千中無一ときらはるゝ

念仏を専ら唱えても、即物的な現世の利益を祈る念仏者をば、これも雑修となづけて、千人のなかで一人も救われることがないと嫌われる。親鸞は念仏の救いのほかに、三部経を千部読んで、その功徳を関東の民衆に施そうとしたのが、佐貫庄における姿であった。念仏一つで、この世もあの世も、個人も社会も救われると、自ら信じてひとに教えて信じさせる行動をとりつづけてきた親鸞としては、まことに似つかわしくない行動をとったものである。

こゝろはひとつにあらねども
雑行雑修これにたり
浄土の行にあらぬをば
ひとへに雑行となづけたり

その真意は同じでないけれども、雑行と雑修は共に自力という点で似ている。それは浄土に救われるための正しい行でないから、つまり雑行となづけたのである。佐貫庄の親鸞は、浄土へ救われることの出来ない自力の徒としての行動をとったことになる。

専修のひとをほむるには
千無一失とおしへたり
雑修のひとをきらふには
万不一生とのべたまふ

専修念仏の人をほめて、千人のなかで一人といえども救われないものがないと教えている。雑修の人を嫌って、万人に一人も浄土に救われることがないとのべている。親鸞は、まさに万人に一人も救われることのない念仏の行を佐貫庄でおこなってしまったのである。

以上のような他力の念仏者としては失格行為を親鸞は、四十二歳（建保二年）、五十九歳（寛喜三年）の二度にわたって行なってしまった。佐貫庄における親鸞の姿を、親鸞の考えた念仏者の理想像にあてはめて評価した時、明らかに親鸞は助業を伴なう自力の念仏者にあともどりしたことになる。佐貫庄の親鸞が助業を伴ったという見方は、親鸞の曾孫にあたる覚如（かくにょ）も、その著『口伝鈔（くでんしょう）』において「助業をなをかたわらにしましまします事」と題して、親鸞の三部経千部読誦の件をあつかっている。

弥陀の本願を心から信ずることによって、煩悩具足の凡夫が煩悩具足のままでほとけにしていただいた喜びをかみしめ、その御恩報謝のための布教を二十九歳から四十二歳、あるいは五十九歳にいたるまで、おのれの使命として行なってきた親鸞は、なに故に助業を伴なう自力の念仏者のような行為を、たとい四、五日ではあるにせよ行なわなければならなかったのであろうか。この問題を、親鸞がおかれた建保二年と寛喜三年という時点の歴史的条件のなかで考えてみよう。

惨めな関東の農民

親鸞が関東で、その目で見た農民の姿は、親鸞が京都や越後で知った農民のイメージをはるかに越えた惨めなものであった。鎌倉時代の農民の生活は京都を中心とする近畿と関東・東北地方では非常に大きな違いがあった。その違いは近畿と関東の社会の発展のずれとも関係していた。西国と東国の農民は支配のされ方、農民の土地にたいする権利、貨幣経済と農民生活との関係、農民の社会的権利の成長の度合いなどあらゆる面で違いがあった。支配と被支配という関係の面から見れば、関東の農民は極めて強烈な隷属的支配下におかれていたということができる。一口に同じ農民といっても、近畿およびそれに接する地方の農民は、比較的早い時代から生活上のさまざまな権利をその手中に収めていた。農民の権利の面で最も重要なものが、農民が耕作する土地にたいする権利である。西国の農民は、すでに平安時代の末期から鎌倉時代にかけてのころには、自分が耕している田畠にたいする耕作権を自分の手に握りはじめていた。名主職（みょうしゅしき）・作職（さくしき）・下作職（げさくしき）などと呼ばれる土地にたいする権利がそれである。

西国の農民は、必要とあればそれらの権利を自由に売買・譲与・入質することができた。西国の農民は領主＝支配者との関係においては、きめられた年貢や小作料さえとどこおりなく納めておれば、その他の面で特別に強い支配をうけることがないといったほどに社会的成長をなしとげていた。それに比べて東国の農民は、西国の農民が手にしていた権利と自由は、ほとんど手にしていなかった。一つの田畠を親子代々耕作しつづけていても、その土地の耕作権は農民の手に握られることは稀れであった。名主職・作職などの権利は依然として村々を支配する領家・地頭などの手に握られていた。関東の農民は、生活がどれほど苦しくとも、自分の耕作している土地の権利を売って、急場をしのぐといった自由を持ちあわせていなかった。

東国の農民は、住む家・屋敷・耕地をひとまとめにして、領家・地頭などの村々の支配者の持ち物となっていた。農民が支配者の経済的・政治的支配に耐え切れずに土地を去ろうとすれば、家も屋敷も耕地も、そのすべてを放棄して村を去らなければならなかった。いわば夜逃げ同然の姿で、身一つで村を去る、これが関東の農民に許された最後の抵抗であった。そのような関東の農民の生活に余裕など生まれるべくもなかった。精一杯、家族全員が昼夜をわかつことなく働いても、わずかに最低生活をおくることが出来れば、幸せといった有様であった。明日への貯えとてない不安極まりない関東の農民生活に、ひとたび凶作でもおころうものなら、一村、数村が餓死に追いやられ、白骨の原野に早変りすることも珍しいことではなかった。

親鸞は、こうした関東の農民の姿を、越後からの長い旅路のなかで見たのである。まさに親鸞にとっては未知の世界にぞくするほどの農民が関東の村々で待っていたのである。佐貫庄といえば、もう一歩で常陸国である。明日からでも始まろうとする関東の農民への念仏の布教を思う時、親鸞の心は乱れないわけにはゆかなかった。自分はこれまでの十三年間念仏によって救われ、その喜びをひとに教えて信じさせることが、個人をも社会をも幸福に救える唯(ただ)一つの道として自ら信じ、ひとにも教えてきたのである。果して、関東の農民を念仏一つで救い切れるであろうか。関東の農民が今求めているものは、死後の世界での極楽の生活でもなく、惨めな生活を口先きだけでなぐさめられることでもなさそうだ。かれら農民の求めているものは、今日を生きるための一握りの米であった。そのような農民にたいして明日からはじまる念仏の布教を考えた時、無意識のうちにも親鸞は衆生利益のため、現世の利益のために諸神・諸仏の力を借りたい気持におそわれたのであった。念仏の救いに、なんでもよいからプラスアルファを加えてくれるものがあれば、それにすがりたい気持になった。そして、念仏の功徳に諸神・諸仏のご利益をうわのせして、関東の民衆にあたえようとしたのであろう。

そこに生まれた行為が、衆生利益のための三部経千部読誦といった自力の念仏者親鸞の姿であった。他力の念仏者親鸞が、助業にたすけを求める自力の念仏者へと逆もどりしたのであった。親鸞をして、そのような態度をとらせた背後には、前述のような極めて厳しい関東の農民の現実が横たわっていた。つぎは、寛喜三年をめぐる歴史的背景に移ろう。

村をうめる念仏者の骸

寛喜三（一二三一）年という年の関東は、日本史のうえでも稀れに見る大飢饉の年であった。前年の寛喜二年は、旧暦の六月というのに関東の各地は雪に見舞われた。冷夏としては珍しいほどに厳しいものであった。当然のことながら作物は全くみのらず、飢饉の兆候は人びとの心を戦(おのの)かせた。鎌倉幕府にとっても重大問題であった。幕府の記録『吾妻鏡』は寛喜二年六月十六日の条に「当月（旧暦六月）白雪がふるということは、その前例は少ない。孝元天皇三十九（一七六）年六月雪ふる。その後、二十六代をへて推古天皇の御代二十四（六二六）年六月、大雪ふる。また、二十六年代をへて醍醐天皇の御代の延長八（九〇八）年六月八日大雪ふる。皆不吉であった。今また二十六代をへた今（一二三〇）年六月九日雪ふる。上古でさえなお、悪い世相となった。まして、末代の今ではなおさらである」という意味のことを記している。まさに日本史上稀れに見る冷害を心配している。

心配していた通り、寛喜二年は大変な不作であった。その結果は、飢饉である。当然のことながら、時を追って飢饉は度を増し、寛喜三年に入ったころには、絶望的にさえ見えた。『吾妻鏡』は寛喜三年三月十九日の条に「今年世間は飢饉で、百姓多く餓死しようとしている」と記している。幕府は、武蔵・伊豆の両国に施米をだして死に瀕する庶民を救う処置を、おそまきながら命じている。その命令書にも「今年世間が飢饉であるから、人民が餓死しているとの風聞あり」と記している。

四月にはいると幕府は寺院に命じて、連日にわたって天変の災害除けのご祈禱をさせている。諸寺が行なった祈禱は、不動・降三世（ごうざんぜ）・軍荼利（ぐんだり）・大威徳（だいいとく）、金剛夜叉・一字金輪（こんりん）などの諸法であった。さらに四月十九日には、風雨水旱の災難よけの祈禱のために、諸国の国分寺における最勝王経の転読が命ぜられた。寛喜三年は冷害からおこる不作・飢饉、餓死の増大に加えて、疫病の流行が人びとを極度に苦しめた。さらに五月に入ると幕府は、疫病と餓死を除くために、般若心経の読誦と鬼気祭りの執行を命じた。

飢饉による民衆生活の破壊の実情は、今日のわれわれの想像をはるかに越えている。飢饉によって一村、数村が死骸の山、白骨の野に変わることも決して珍しいことではなかった。たとえば源平の戦いたけなわのころ、養和年代から寿永年間にかけておこった飢饉の実情は、当時における飢饉の恐ろしさを如実に物語ってくれる。養和元（一一八一）年は例のごとく飢饉に加えて疫病がはびこり、餓死者、病死者があいつぎ、捨てられた嬰子の数は無数であったという。京都の一条から九条、京極から朱雀のあいだに横たわっていた骸（むくろ）だけでも四万二千三百余りに達したという。これは京都市内の出来ごとであり、二ヵ月余りのあいだのことであった。地方にかけての死者の数は膨大なものであったろう。鴨長明はこの有様を見て「臭き香世界にみちみちた」とその著『方丈記』に記している。清水の橋の下には飢えにたえかねて童子の肉を喰うものがあったという。まさに、飢饉は、人間を生きながらの地獄の世界に追いやるのが常であった。

寛喜三年に関東をおそった大飢饉は、おそらくは養和の京都の飢饉を大きくうわまわるほどの被害を、関東の農民のうえに投げかけたことであろう。

親鸞のまわりでは、念仏に生きる喜びを感じ、親鸞の説く念仏の救いを心から信じ切っていた農民が、つぎつぎに死んでいった。村々は農民の死骸でおおわれていった。そのなかには、数々の念仏者の姿が見られたことはいうまでもない。心ならずも餓死してゆく人びとに、すでに十七年間も念仏の救いを説きつづけてきた親鸞であった。末法の世には念仏一つで救われるのだ。念仏一つで個人も社会も、この世もあの世も幸福になれるのだ。念仏者は煩悩具足のほとけとして、この世で無碍の一道の人生を幸福に生きつづけることができるのだ。親鸞の説くそのような教えを信じ切った関東の人びとが、飢えと病いで、老いも若きも、男も女も死んで行くのである。親鸞は、いたたまれない気持におそわれた。溺れる者が藁にもすがる気持になったことであろう。寛喜三年四月十四日、風邪に伏した親鸞は高熱のなかで、夢中になって三部経千部を読みはじめていた。つぎつぎにたおれてゆく衆生への利益を願って、念仏に加えるに三部経千部読誦による現世利益を期待したのである。

以上のような親鸞を取り巻く歴史的環境のなかで、親鸞は四十二歳と五十九歳の二度にわたって三部経千部読誦という助業のたすけをかりるという行動をとった。親鸞としては、自分の周囲にどのような事態が起ころうとも、念仏一つで救われるのだと言い切ることは可能であった。しかし、親鸞は、そのような、いわば無責任な態度をとらなかった。現実に、親鸞の目の前で、念仏の救いを心から信じ切っている人びとが苦しみつづけている。親鸞は、その人びとに念仏への信心が足りないのだ、もっともっと信じろ、唱えよと叱咤激励をつづけることをしなかった。親鸞は、自分が弥陀の本願を教えて信じさせた人びとにたいして限りなく強烈な責任を感じたのであった。宗教者にとって、もっとも必要なものこそ、自己の発言にたいする強烈な責任感である。この責任感ゆえに親鸞は、それが助業であり、他力の念仏から自力の念仏者への後もどりの行為であることを知りすぎるほど知っていても、なお三部経千部読んで、その功徳を念仏の利益にうわのせして、関東の衆生に施そうとしたのであった。

しかし、そうした行動が四、五日つづいた時、親鸞は、はっとわれにかえった。そして、親鸞は助業をかたわらにしている自己に気づいた時、直ちに助業を投げ棄てて、再び他力の念仏者として、念仏一つの立場をとりもどした。寛喜三年四月十四日の時は四日目でわれにかえった。また、建保二年の時も、四、五日にして助業の行為を放棄した。

なお、いままで述べてきた親鸞の宗教的姿勢の動揺とも見られる事実は、親鸞の妻恵信尼の手紙に記されている。恵信尼は、なにゆえに夫親鸞の恥部ともいうべきものを、ひとに暴露するようなことを手紙に書いたのであろうか。

念仏一つで常陸国へ

問題の恵信尼の手紙は弘長三（一二六三）年二月十日付けである。弘長三年二月十日といえば、親鸞が世を去ってから約五十日目である。親鸞が末娘覚信尼をはじめ、ほんのわずかの人たちに見とられて息を引きとったのが、弘長二年十一月二十八日であった。そのころ、恵信尼は親鸞と別居して、越後の実家に帰えっていた。覚信尼が父の死を、越後にいる母恵信尼に報らせたのは、親鸞の死後二日目の十二月一日の手紙であった。夫親鸞の死を報らされた恵信尼は、宗教者の人生を選んだ娘覚信尼に父親鸞の思い出を何通かの手紙にしたためて送った。恵信尼は一通の手紙に「昨年の十二月一日の御文、同廿余日に、たしかに見候ぬ。何よりも殿（親鸞）の御往生、中々、はじめて申に及ばず候」という見出しで、親鸞との生活のなかで最も印象深い思い出として、親鸞の回心の様子を書き送っている。ついで、建保二年と寛喜三年の三部経千部読誦という助業のたすけをかりる親鸞の姿を書き送った。

恵信尼は娘覚信尼への誡めのために、自力の念仏者へ一時的にではあるが、後退した親鸞の姿を書き送ったのではない。むしろ、宗教者として最も必要な条件といえる自己の言動にたいする強烈な責任感に生きた父親鸞の姿を、最も理想的な念仏者の手本として、覚信尼に知らせたかったのである。恵信尼は親鸞とむすばれてからの長い生涯を通じて、ほんとうに親鸞を敬愛しつづけた。そのような恵信尼が、今はなき親鸞の恥部を娘のまえにさらけ出すようなことをするはずはなかろう。恵信尼にとって、衆生利益のために敢て行なった三部経千部読誦をつづける痛ましいまでもの親鸞の姿が、忘れることの出来ない思い出となっていたのである。恵信尼は娘が仏の道一つに生きるならば、責任感にあふれた親鸞の姿を学ぶべきであると考えたからこそ、恥部ではなく美点として娘に知らせたかったのであろう。

さて、親鸞は佐貫庄においての助業の行為も四、五日にして放棄し、念仏一つで救われるのだとの確信をとりもどした。そして、念仏一つをだきしめながら、新しい布教の地常陸国へ入っていった。親鸞は、建保二年に体験した大きなゆさぶりを克服した時、親鸞の信心はより金剛不壊のものとなっていった。親鸞は、その後の念仏布教の生活においても、布教の場において、幾度かのゆさぶりを体験しつつ、それを乗り越えてゆくのである。

では、親鸞を迎えた常陸国を中心とする関東の地で、親鸞を待ちうけていたものは何であったのだろうか。

V　関東の親鸞

招かれざる客親鸞

関東の村々で親鸞を待ちうけていたのが、山伏・修験者たちを尖兵とする旧い諸仏・諸神であった。関東は奈良時代以来旧い仏教が広く深く根をおろした土地であった。奈良仏教についで、天台・真言の仏教寺院の数も多く、関東の村々はそうした旧い仏教の寺院が所狭しと甍をならべていた。それに加えて、様々の神々を祭る神社も、寺院に劣らぬ数を誇っていた。それはあたかも新しい仏教の布教者親鸞の来るのを、全関東で網をはりめぐらして待ちかまえている蜘蛛にも似た姿であった。親鸞とて、それを知らない筈はなかった。

程度の違いはあるものの、京都においても、越後においても、そのような宗教事情のなかを親鸞は堂々と自己の宗教的立場を貫ぬいてきたのである。親鸞は常陸国に入って、落つく暇も惜しいかのように念仏の布教にのり出した。親鸞が常陸国で拠点と定めた場所については、『親鸞聖人伝絵』は「聖人、越後国より常陸国に越て、笠間郡稲田郷といふ所に、隠居したまふ、幽栖を占といへども、道俗跡をたづね、蓬戸を閉といへども、貴賤衢(みち)に溢る。仏法弘通の本懐こゝに成じ、衆生利益の宿念

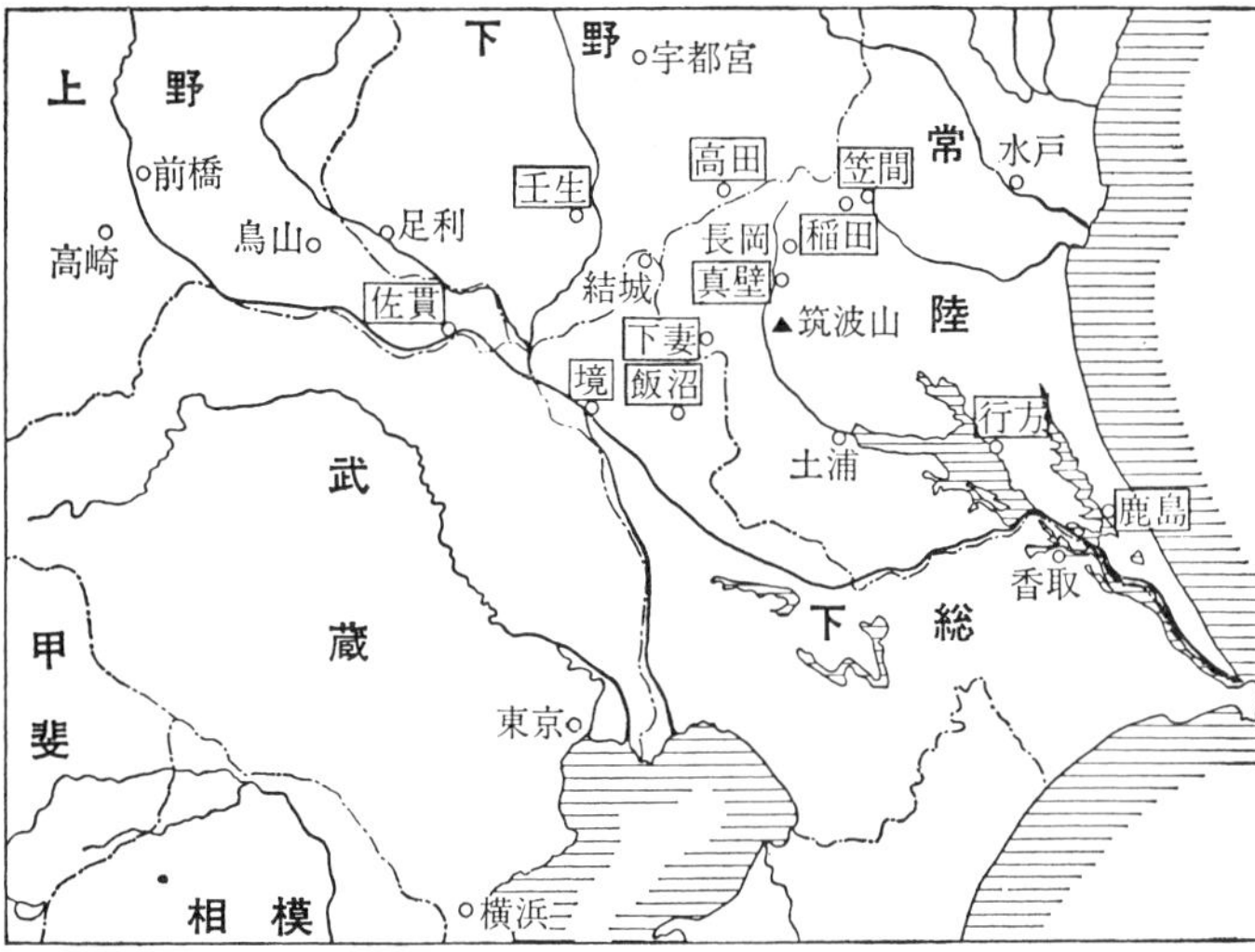

関東略図

たちまちに満足す」と記している。このような情況は、親鸞が常陸国に入って直ちに生まれたのではなく、二十年にわたる悪戦苦闘の結果であった。ともかく親鸞は直ちになさなければならないことが二つあった。その一つは、関東の既成の宗教との戦いであった。もう一つは、親鸞の布教の場において相遇する予想を絶した事態をのりこえてゆく心の支えであった。親鸞はすでに常陸国の入口で、思わず三部経千部読誦という助業を手にした体験をもったばかりである。親鸞は既成の宗教者との理論闘争や農民からのさまざまな質問に自信をもって答えてゆかなければならなかった。全く予期しない場面に立った時、親鸞は佐貫庄で体験したような心境におそわれることも一再ではなかったろう。そのような時、親鸞が、今までとりつづけてきた信仰の態度が正しいのだ、それ以外にありえないのだということを、親鸞に教えてくれるものが必要なのであった。それが『教行信証』の著述であった。まず第一の課題にたいする親鸞の行動から考えてゆこう。

親鸞の念仏布教の成否は、旧い仏教の尖兵ともいえる山伏・修験者との戦いの勝利如何にかかっていた。山伏・修験者たちは古代いらいの長い歴史のなかで、関東の民衆の心をしっかりとつかんでいた。それだけでなく、関東の領家・地頭・名主とよばれる村々の支配者とも、固く手をむすんでいた。いうなれば、全関東の人びとの心の世界の支配者が、山伏・修験者であったといっても過言ではなかった。

関東の武士や農民は共に、山伏・修験者の手を通じて、現世の利益を祈り出してもらうことに、一つの安心感をあたえられていた。山伏たちにしても、長年にわたる関東の人びととの加持祈禱を媒介としたむすびつきに、念仏の楔(くさび)を打ち込まれることは死にもひとしいことと思われた。したがって、親鸞が農民たちに念仏の功徳を説いても、その場で山伏の妨害をうけるのであった。山伏の目をかすめての念仏布教は、ただちに山伏によってくつがえされてゆくのであった。親鸞の念仏布教はあたかも賽河原の石積みのように、つぎからつぎへと崩されていったであろう。

まさに関東における親鸞の念仏布教は、一日一日が山伏・修験者との熾烈な戦いであった。関東の民衆は、そうした親鸞と山伏たちの戦いを手に汗しながら見守っていたことであろう。というのは、山伏の敗北は、長い間関東の民衆の心の支えとなってきたものが根底からくつがえされることを意味したからである。親鸞と山伏との戦いは、単に理論的な戦いで終らず、時には武力をもって親鸞を倒そうとする動きさえも、到るところで見られたことであろう。親鸞は、念仏布教の成果をあげるためには、関東の村々の一つ一つで、山伏との戦いを勝ちぬくことが必要であった。親鸞の念仏布教の成果は、数十、数百の山伏との戦いをのりこえて、はじめて手にすることが出来るといった性格のものであった。

親鸞は、そうした山伏との戦いに、からくも勝ちぬいた。その勝利と比例して関東の村々には、念仏に帰依する農民の数が増えていった。山伏との戦いの勝利の記念碑ともいうべきものが、つぎに示めす『親鸞聖人伝絵』に収められている山伏弁円の親鸞襲撃と親鸞への帰依の話である。

> 聖人、常陸国にして、専修念仏の義をひろめ給ふに、おほよす、疑謗の輩は、すくなく信順の族はおほし。しかるに一人の僧山臥云々ありて、動ば、仏法に怨をなしつゝ、結句害心を挿て、聖人を時々うかゞひたてまつる。聖人、板敷山といふ深山を恒に往反し給けるに、彼山にして、度々相待といへども、さらに其節をとげず。倩ことの参差を案ずるに、頗奇特のおもひあり。仍、聖人に謁せむとおもふ心つきて禅室に行て尋申に、聖人、左右なく出会たまひにけり。すなわち尊顔にむかひたてまつるに、害心忽に消滅して、剰、後悔の涙禁じがたし。やゝしばらくありて、有のままに日来の宿欝を述すといへども、聖人又おどろける色なし。たちどころに、弓箭をきり、

刀杖をすて、頭巾をとり、柿衣をあらためて、仏教に帰しつゝ終に素懐をとげき、不思議なりし事也。すなわち明法房是也。聖人これを付け給き。

この伝絵の記事は、親鸞の関東における二十年間の苦闘の成果をふまえて、さりげなく関東における念仏の発展と妨害、それに対する親鸞のゆとりのある姿としてえがいている。つまり、親鸞は常陸国で念仏の教えをひろめたところ、大体において疑い批判するものは少なく、親鸞の教えを信じ順う人が多かった、という。それでも、一人の山伏がいてややもすれば念仏に怨みをなして、結局親鸞を殺そうと思い、親鸞を時々ねらっていた。親鸞は板敷山という山を通っていつも布教のために往き来していたので、かの山伏はそこで親鸞を度々待伏せしていたけれども、どうしてもその思いを遂げることが出来なかった。つらつらことの喰い違いを考えるに、頗る奇妙な思いがした。そのため、親鸞に直接あおうと考え、親鸞の庵室を訪れたところ、親鸞は直ちにお会いになった。山伏が親鸞に会ったところ、殺意はたちまち消えた。それだけでなく後悔の涙禁じ難い有様であった。しばらくして、山伏はありのままに、それまでの気持を申したけれども、親鸞は少しも驚く様子もなかった。山伏はたちどころに、弓箭を切り、刀杖をすてて、頭巾をとって、柿衣をぬいで念仏に帰依し、ついに往生を遂げたということである。この人が明法房である。

『親鸞聖人伝絵』は、親鸞の山伏との戦いの決定的勝利の有様を山伏弁円に象徴させて記している。この山伏弁円は親鸞の徳にうたれて、念仏者となり明法房と名づけられ、往生したというのである。

明法房が念仏者として往生をとげたことについては、親鸞の手紙のなかに「なにごとよりも、明法御房の往生の本意とげておはしましさふらふこそ、常陸国うちの、これにこゝろざしおはしますひとぐ〳〵の御ために、めでたきことにてさふらへ」（『末燈鈔』）とみえている。このほかにも「明法御房の御往生のことを、まのあたりきゝさふらふも、うれしくさふらふ」（『末燈鈔』）、「明法御房の往生のこと、をどろきまふすべきにはあらねども、かへすぐ〳〵うれしくさふらふ」（『末燈鈔』）などとみえている。

親鸞が四十二歳から六十二歳にいたる二十年間の関東における念仏布教の間、親鸞の行動の支えとなったのが『教行信証』であったという点については、前にもふれた。では、『教行信証』著述の事情について考えてみよう。

教行信証

関東の親鸞の信仰が、布教の場においてゆさぶられる時、これを支えてくれる師法然はすでにこの世になく、また親鸞が私淑した念仏の先輩たちも関東にはいなかった。心の動揺は親鸞自身が解決しなければならなかった。念仏以外に往生のためには何ものも必要ないのだ。念仏一つで、個人も社会も、この世もあの世もすべて救われるのだ。念仏の救いを、ひとに教えて信じさせる布教こそ、凡夫を救ってくれた弥陀にたいするほんとうの御恩報謝となるのだ。このような親鸞の行動と思想を支えてくれるものを、親鸞は叡山以来の学問のなかで書き抜いてきた経・論・釈に求めたのである。親鸞は念仏が末法の世における唯一つの救いであることを証明する経・論・釈を叡山において書き抜き、それを京都は勿論、越後にも、そして関東にも肌身はなさずたずさえてきたと考えられる。

親鸞は、こうした書き抜きを、一つのまとまったものに整理する必要を、親鸞自身のために迫まれていた。このことが、常陸国に入った時から、念仏の布教とならんで行なわなければならない課題であった。親鸞はまず、弥陀の本願にたいする信心こそ末法の世において正しいものであることを証明する経・論・釈を一冊の書物にまとめることからはじめた。前々からの書き抜きのノートがあっただけに、この一冊をまとめるには、それほどの時日を必要としなかった。そこに、まず生まれたのが、親鸞の主著といわれている『教行信証』六巻、つまり教巻、行巻、信巻、証巻、真仏土巻、化身土巻の六巻のなかの信巻であったと考えられる。親鸞は最初にまとまった信巻を「顕浄土真実信文類」と名づけた。親鸞はこの信巻に「顕浄土真実信文類序愚禿釈親鸞集」という序文をつけている。その序文にはつぎのようなことが記されている。

よくよく考えてみると、他力の信心は、阿弥陀如来が因位の時に本願を選択し給わった大悲心からえさせてくだされたものである。また、この真実信心が凡夫自力の心ではなく、まったく弥陀如来の清浄真実の御心であるということは、釈迦如来が衆生をあわれと思う御心から善巧方便をもって説かれたものである。いいかえれば、他力の信心はまったく釈迦・弥陀の二尊が衆生をあわれと思う大悲心からおこった絶対他力廻向の信心である。それにもかかわらず、末代今の時の僧侶も俗人も、近ごろの一宗の師ともなるべき尊い人たちも、みなこのわけを知らず、いたずらに自性の弥陀、唯心の浄土などという誤った考えにおちいっている。そして真実浄土にてはじめてえられる無為涅槃（ねはん）の証果を嫌いそしり、自力根性にとらわれて、他力金剛の信心の味をまったく知らずにいる。まことになげかわしいことである。ここに、愚禿釈の親鸞は、三世諸仏の本懐たる浄土三部経の真実の教えにしたがって、浄土一家の七高僧が説いた一宗の釈義を熟読して、広く浄土三部経の広大な恩沢にあずかる。とくに、天親菩薩の浄土論によって、今この「信巻」において、はじめて二つの疑問をだし、問答し、最後に経釈の明白な証文をだし、義理を結着している。この「信巻」の選集は、如来の御恩徳の深重なことを思うのあまりにおこなったので、人びとのあざけりを恥じおそれはしない。いやしくも浄土を願い、俗世間をいとう人たちは、この著をみて、取捨するのはよいが、けっして謗法の大罪をおかしてもらいたくない。

親鸞はこのような序文を「信巻」につけているが、その後も幾多の経・論・釈をひもとくにつれて、かれの思想的立場を支えてくれるものに接した時、その語句を加筆していった。それは、親鸞の生涯を通じて取捨しつづけられていったと考えられる。こうした「信巻」の誕生と並行して、親鸞の念仏布教は急速に進められていった。また、それとならんで、親鸞の心の支えは「信巻」に加えるに教巻、行巻、証巻、真仏土巻、化身土巻と大きな体系にふくらんでいった。こうして出来上がったのが『教行信証』六巻であると私は考えたい。

『教行信証』が出来上ったとはいえ、親鸞としては、よほどのことがない限り、この書物は他人に見せたり、書き写つさせたりする性格のものではなかった。親鸞の門弟のなかでも、親鸞の存命中に、この『教行信証』を見せられたり、書写を許されたものは、極めて少なかった。なぜならば、『教行信証』は布教のために人びとに読ませる書物ではなく、親鸞の布教を心の内側から支えるという性格の書物であったからである。時には、親鸞が体験したと同じ苦悩を布教の場で味わっている弟子には、『教行信証』を見せもし、写させもしたであろう。弟子たちが、自分の苦衷を親鸞に打ちあけ、その解決の方法を求めた時、親鸞は自分のとってきた道を語り、『教行信証』を見せたのである。

したがって『教行信証』は、親鸞の生前にあっては公開や出版などということは考えられない書物であったと思われる。そして、『教行信証』の大体は関東において出来あがってはいるが、この書物は親鸞の生涯をつうじて加筆、増補をかさねていくべき書物であった。そうした意味において『教行信証』は親鸞にとって永遠の未完の書といえる。

関東にあっての親鸞は、布教に明け、布教に暮れるといった生活を二十年にわたってつづけた。その成果については後に述べるが、『親鸞聖人伝絵』は「仏法弘通（ぐつう）の本懐こゝに成就し、衆生利益の宿念たちまちに満足す」といった形で念仏布教の成果を表現している。親鸞は、どのような教えを説いたが故に、山伏との戦いに勝利を博し、関東の農民を念仏の信者とすることに成功したのであろうか。親鸞が関東の弟子に直接語った言葉や関東の念仏者たちにあたえた手紙によって考えてみよう。親鸞が、口から耳への形で伝えた念仏の救いの内容を、われわれに物語ってくれるのが『歎異抄』である。また、関東の念仏者の念仏信仰に関する疑問を手紙で語ってくれるものが『末燈鈔』をはじめとする親鸞の消息集である。これらの手紙は、親鸞が二十年間の関東での念仏布教ののち、関東を去って、生まれ故郷の京都に帰えって、そこから関東の念仏者の質問に答えたものである。『歎異抄』や『末燈鈔』『和讃』などにうかがえる親鸞の教えの内容は、親鸞が直接的に関東の人びとに説いたものと同じものであったと考えてよい。

では、それらを通じて、親鸞から直接に念仏の救いについて語ってもらおう。

念仏の救い

親鸞がみずから体験して救われた喜びをかみしめ、その喜びを人に教えて信じさせた念仏の救いはどのようなものであったのだろうか。それについて、親鸞は煩悩具足の凡夫が弥陀の本願を心から信じて、弥陀救けたまえと念仏をとなえようかなと思った時、弥陀の救いにあずかることが出来るといっている。つまり、弥陀の本願への完全なる信と、救いを求める念仏の行とが交わる時に、救いが約束される。その信と行の接点ともいえる念仏が、この世において煩悩具足のままの仏の誕生を実現させるのである。と同時に、その念仏が極楽行きの片道キップともなるのである。念仏者には輪廻（りんね）ということはありえないからである。『歎異抄』には、このような親鸞の救いについてつぎのような親鸞の言葉を収めている。

弥陀の本願はわれわれ煩悩具足の凡夫には想像もおよばないものなのです。弥陀は、われわれ凡夫が弥陀の本願に救けられて、仏として救われるのだと信じて、弥陀救けたまえと念仏をもうそうかなと思い立つ気持が起こる時、ただちに救いとって決して捨てることのないご利益にあずからせて下さるのです。弥陀の本願は、老少善悪によって人を区別致しません、ただ信心だけが必要なのだと思って下さい。その理由は、罪悪深重にして、煩悩熾盛のわれわれ人間を救けるための本願なのです。だから、弥陀の本願を信ずるからには、そのほかの善行は必要ありません、念仏は絶対ですから念仏にまさる善はないからです。煩悩によって狂わされ、前世の宿業の絆にあやつられておかす悪をも恐れ心配する必要はありません。弥陀の本願の救いをさまたげるほどの悪は、われわれ凡夫がおかす悪にはありえないからです。(『歎異抄』一)

ここでは、弥陀の本願は老少善悪によって救いという点で区別することはなく、必要なのは、ただ信心だけであると言っている。それは、弥陀の本願の広大無辺の功徳が、善悪などすべてのものを超越するからだという。また、『歎異抄』においては、この世における凡夫の救いは、念仏以外にありえないことを強調し、親鸞自身もそれを信じて疑うことがないのだ、それだけなのだと、つぎのように言っている。

皆さんが、関東から京都まで十余ヵ国の境をこえて、命がけでたずねてこられた目的は、ただただ極楽往生の方法を聞くためでございましょう。それにもかかわらず、念仏のほかに、往生の方法を私が知っており、また往生のための法文などをも知っているのだろうと思い、それをお知りになりたいと思っているのならば、大変な間違いです。もし、念仏のほかに往生の方法があるとお思いになるのでしたら、奈良や叡山にも立派な学僧たちが沢山おいでになりますから、その人たちにもお会いして、往生の仕方をよくよくお聞きになるがよいでしょう。私親鸞におきましては「ただ念仏をして、弥陀に救けられなさい」という法然上人の仰せをこうむって、念仏の救いを信じるよりほかに、別に詳しい理由はありません。念仏はほんとうに浄土に救われる因であるのか、また、地獄におちる業であるのか、そのようなことは全く存じません。たとい、法然上人にだまされて念仏をして、地獄におちたとしても決して後悔致しません。なぜかというに、念仏以外の行(ぎょう)をはげんで成仏できるはずの身が、念仏を申したために地獄におちてこそ、だまされたという後悔もおこるのです。どのような行にも耐えられない身ですので、どのみち地獄のほかに行くところがない私です。弥陀の本願がほんとうであるならば、釈尊の教えは虚言ではないでしょう。釈尊のお言葉がほんとうであるならば、善導和尚の解釈は嘘を言わないはずです。善導の解釈がほんとうならば、それをうけついだ法然の仰せが虚言であるはずはありません。法然の仰せがまことならば、その仰せをこうむった親鸞の申すこともまた虚言ではないはずです。要するに、私の信心におきましては、以上申した通りです。このうえは、皆様が、念仏をとって信じたてまつるも、また捨てようとも皆様の考え次第です。(『歎異抄』二)

親鸞は、自分においては、「ただ念仏をして弥陀に救けられよ」という法然上人の仰せをこうむって、念仏の救いを信ずるよりほかに、別に詳しい理由はない。念仏はほんとうに浄土に救われる因であるのか、また、地獄におちる業であるのか、そのようなことは全く知らない。たとえ、法然上人にだまされて念仏をして、地獄におちたとしても、決して後悔しない、という立場に立っていた。それというのも、念仏以外のあらゆる行は、すでに叡山で体験ずみであり、どのような行にも耐ええない自分を知り、地獄以外に行くところのない自己を知ったからであった。

また、親鸞は七十九歳、建長三（一二五一）年閏九月二十日付けの関東の念仏者にあてた手紙においても、他力の救い、自力の念仏、臨終正念などについてつぎのように詳しく説き聞かせている。

> 極楽浄土へ往生を願う人の前に弥陀が臨終にあたって迎えにくるという救われ方は、念仏以外のもろもろの行によって往生しようとする立場です。それは自力の人であるからです。臨終ということは、諸行を修行して往生しようとする人にたいしていうのです。その人はいまだほんとうの信心を得ていないからです。また、十悪五逆の罪人がはじめてよい師にめぐりあって、念仏を勧められる時にいわれる言葉なのです。真実信心の念仏者は、弥陀が救いとって捨てることがないゆえに、正定聚（しょうじょうじゅう）の位、つまり正しく必ず往生することが決った人の位につくのです。だから、真実信心の念仏者は臨終において弥陀の来迎、すなわち迎えを待つ必要はなく、来迎を願うこともないのです。信心が決定（けつじょう）する時に往生もまた決定するのです。他力の念仏者には来迎の作法は

必要ありません。正念というのは、弥陀の本願に約束された信心がさだまることをいうのです。この信心を弥陀からたまわったからには、必ず最高の仏の悟りに到達するのです。この信心を一心といいます。この一心を金剛心と申します。この金剛心を大菩提心というのです。これすなわち他力のなかの他力なのです。また、正念ということについて二つの意味があります。ひとつには定善を修する人の正念、二つには散善を修する人の正念があるのです。この二つの正念は他力のなかの自力の正念なのです。定善・散善は、諸行を修して往生しようとする自力の立場にぞくするのです。この善は、他力のなかの自力の善です。このような自力の念仏者は、臨終において弥陀の来迎をまたなければ辺地・胎生・懈慢界などの真実の浄土のかたほとりにさえ生まれることは出来ません。これゆえに、弥陀の第十九の誓願に、もろもろの善を修してこれを浄土に廻向して往生しようと願う人の臨終には弥陀が現われて迎えようとお誓いになっております。臨終を待つことと、来迎往生ということは、この定善・散善を修して救われようとする自力の念仏者たちのいうことです。……（『末燈鈔』一）

ここでは、自力の念仏によって救われようとする人びとについて「極楽浄土へ往生を願う人の前に弥陀が臨終にあたって迎えに来るという救われ方は、念仏以外のもろもろの行によって往生しようとする立場である。それは自力の人であるからだ」といって念仏の救いという点において、自力の念仏をはっきり否定している。そして、「真実信心の念仏者は、弥陀が救いとって捨てることがないゆえに、正定聚の位、つまり正しく必ず往生することが決った人の位につくのだ。だから、真実信心の念仏者は臨終において弥陀の来迎、すなわち迎えを待つ必要はなく、来迎を願うこともない」といわれ、他力の念仏者の救いは平常において、信心が決定した時に実現するといっている。それは煩悩具足の凡夫が、その本来の姿で生きながらに仏になれることを、弥陀の他力の救いなのだと教えているのである。

念仏による救いが、信と行との交りの念仏によって実現するということについては、すでに述べた。この問題についても、親鸞は、いたるところでふれている。つぎに示めす年月日未詳の関東の浄信御房あての親鸞の手紙もその一つである。ここでは、救いの時点、救われた姿、現世の利益、諸仏と念仏者、弥勒菩薩と念仏者などについて説いている。

> 如来の誓願を信ずる心の定まる時というのは、摂取不捨の利益をあずかるがゆえに、不退の位にきまるのだとご理解下さい。真実の信心が定まると申すのも、金剛信心の定まるというのも、摂取不捨、つまり救いとって捨てることがないから、そのように申すのです。だからこそ無上覚（むじょうがく）、すなわち仏の覚りに到達すべき心がおこると申すのです。このことを不退の位とも、正定聚（しょうじょうじゅ）の位に入るとも申し、等正覚（とうしょうがく）、つまり覚りに等しい位に到達したとも申すのです。この心の定まるのを十方の諸仏がお喜びになって、諸仏の御心と等しいとお誉めになるのです。このゆえに、誠の信心の人をば、諸仏と等しいと申すのです。また、補処（ふしょ）、つまり次の世には必ず仏になるこ

とがきまっている弥勒と同じであるとも申すのです。この世において真実の信心の人をお護りになって下さればこそ、阿弥陀経には無数の諸仏が護って下さると申しておるのです。安楽浄土へ往生したあとでお護りになって下さると申すのではございません。この娑婆世界に生きている間に護って下さるというのです。ほんとうの信心をもった人の心を、無数の如来がお誉めになりますので、信心の念仏者は仏と等しいと申すのです。また、他力と申すことは、義なきを義とす、つまり自分の努力をさしはさまず、弥陀にまかせ切るのを念仏者の正しい姿と申すのです。義と申すのは、念仏者がおのおのの力で努力することをいうのです。如来の誓願は不可思議な功徳をもっておりますので、仏になってはじめて知られるものです。煩悩具足の凡夫の努力ではありません。補処の弥勒菩薩をはじめとして、仏智の不思議をかれこれ出来る人はおりません。だから如来の誓願には義なきを義とすと、いっておりますのは、大師聖人の仰せにございます。このような信心以外には、往生に必要なことはないのだと心得て今日まで過して参りましたので、他の人の仰せごとには関係しないのです。(『末燈鈔』七)

ここでは、「如来の誓願を信ずる心の定まる時というのは、摂取不捨の利益にあずかるがゆえに、不退の位にきまるのだと理解せよ」といって、信心が定まった時に救われることを説いている。また、信心の「心の定まるのを十方の諸仏がお喜びになって、諸仏の御心と等しいとお誉めになるのだ。このゆえに、誠の信心の人をば、諸仏と等しいというのである。また、補処、つまり次の世には必ず仏になることがきまっている弥勒と同じであるというのだ」といって、念仏者はこの世で、諸仏や弥勒と同じであるといっている。さらに、諸仏が念仏者をこの世において護ってくれ、浄土において護るのではないという立場の現世利益を説いている。そのほか、他力の救いというのは、義なきを義、つまり凡夫の努力をさしはさまず、弥陀にまかせ切るところに実現するのだと説いている。

自然法爾

つぎに考えたい問題は自力・他力などさまざまな念仏の救いにたいする親鸞の考え方である。また、念仏者がこの世においてとるべき生活の姿についてである。親鸞の救いについては、すでに親鸞の発言を通じて、その若干を知ることができたが、そうした親鸞の見解において、最も適切に親鸞の意見をわれわれに教えてくれるのが、いわゆる自然法爾の思想である。つぎに示した手紙は、親鸞の八十六歳の時のものである。そこには自然法爾という思想がどのようなものであるかが明確に語られている。

自然というのは、自はおのずからという意味で、念仏者の自力の努力でなく、弥陀がそうさせてくれるという意味なのです。然というのは、念仏者の自力の努力でなく、如来の誓いがそうさせてくれるが故に、しからしむというのです。法爾というのは、弥陀如来の御誓いでありますので、しからしむるということを法爾というのです。法爾は、この御誓いであるが故に、全く念仏者の自力の努力のないのをもって正しいと、この法がとくが故に、しからしむというのです。すべて、念仏者が自力の努力をさしはさまないことなのです。これゆえに他力には義なきを義、つまり自力の努力をしないことを正しい姿とするのだと知るべきであるというのです。自然というのは、もともとしからしむという言葉なのです。弥陀の御誓いは、もともと念仏者の努力ではなくて、南無阿弥陀仏と弥陀をお頼みになれば、その者を極楽浄土に迎えようとなさる本願の力によって、念仏者が自分は善人なのだ、いや煩悩具足の悪人なのだということを問題にしないことを、自然というのだとうかがっております。弥陀の誓いの内容は、煩悩具足の凡夫をそのままの姿で仏にさせようとお誓いになったのです。仏というのは、形もありません。形がないがゆえに自然と申すのです。形があるのだという時は、無上涅槃、つまり寂滅とは申しません。無色無形の法身仏の姿をわれわれに知らせようとして、はじめて阿弥陀仏といったのだと教えられております。だから阿弥陀仏というのは自然法爾の姿をわれわれに知らせるための方法なのです。いま申した道理を心得たのちは、この自然のことは、しょっちゅう問題にすべきことではありません。つねに自然を云々すれば、義なきを義とすということは、なおわれわれが、かれこれと云々していることになるのです。この自然法爾ということは仏智の不思議なことなのです。(『末燈鈔』五)

ここでは、すべての念仏者が自力の努力をさしはさまないことが自然法爾の精神であるといっている。そのことは、義なきを義とするという精神に通ずるのである。また、親鸞は、仏というものについて、仏は形もないものだという。そして、形がない故に自然というのだと言っている。無色無形の仏の姿をわれわれに知らせるために、仏を阿弥陀仏といったのだと説いている。自然法爾が義なきを義とするという精神であるからといって、常にそのことを云々することは、義なきを義とするという精神にそむくのだという。親鸞の救いは、徹底して、わが自力の努力をさしはさまず、弥陀にまかせ切るところにあった。

また、親鸞は常陸国の笠間の念仏者たちが、親鸞に信仰上の疑問を質問した時、自力と他力、義なきを義とすること、念仏者を諸神諸仏が護ってくれること、念仏者は釈迦・弥陀の最も親しい友であること、信心決定の念仏者は諸仏と等しいこと、諸仏をそしってはならないこと、まさに念仏の救いと念仏者の利益、在るべき姿などについてつぎに示す建長七年十月三日付けの手紙によって全面的な解答をあたえている。

笠間の念仏者の疑問について。

そもそも浄土真宗の真の教えでは、往生成仏する人の資質に他力があり、自力があるといいます。このことはすでにインドの論家、つまり竜樹(りゅうじゅ)菩薩、天親(てんしん)菩薩、浄土の曇鸞(どんらん)・道綽(どうしゃく)・善導(ぜんどう)などの祖師が仰せになったことです。まず、自力と申すことは、念仏者のおのおの縁にしたがって、弥陀以外の仏の名をとなえ、念仏以外の善根を修行して、自分の力をたのみ、自分で努力する心をもって、行動・言語・思想、すなわち身口意(しんくい)の乱れ心をととのえ、立派にとりつくろって浄土へ往生しようと思うことを自力と申すのです。また、他力と申すことは、弥陀如来の御誓いの中から選び出した第十八の念仏往生の本願を信ずることを他力と申すのです。弥陀如来の御誓でございますので、他力には義なきを義とすというのは、法然上人のお言葉でございます。義ということは自分で努力をめぐらすという意味です。念仏者自身の努力は自力であるから義というのです。他力は、弥陀の本願を信じて、必ず往生できますから、全く念仏者自身の努力はないというのです。だから、自分の身が煩悩具足の悪人であるから、どうして弥陀如来はこのような自分を迎えとってくれるだろうかなどと思ってはなりません。また、自分の心がよければ往生できるのだと思ってはなりません。自分の努力では、真実の浄土へ生まれることは出来ないのです。念仏者各自の自力の信心では、懈慢（けまん）・辺地（へんち）の往生・胎生（たいしょう）・疑城（ぎじょう）の浄土までは往生できますが、真実の浄土には救われないのだと、うけたまわっております。弥陀の第十八願が成就したので法蔵菩薩から阿弥陀如来におなりになって、広大無辺のご利益が限りない姿を、天親菩薩は「尽十方無碍光如来（じんじっぽうむげこうにょらい）」と表現なさいました。それゆえに弥陀の救には、善人・悪人を区別して嫌うことなく、煩悩の心の有無を問題とせず、差別することなく往生はきっとできるのだと知りなさい。だから、恵心院の源信和尚は、その著『往生要集』には、本願の念仏を信ずる有様をあらわして「行住座臥をえらばず、時・処・縁などをえり好みせず」と仰せになっております。真実の信心をえた人は、弥陀の光明に救いとられるのだと、確かにいっております。だから、無明（むみょう）なる煩悩を身にまとったまま、真実の浄土に往生すれば、必ず、直ちに最高の仏の悟りに到達できると、釈迦如来はお説きになっております。しかし、末法の世のわれわれが、そのような釈迦如来のお言葉を信じないことがあるだろうと思って、全宇宙においでになる無数の諸仏が証人とおなりになったのだと善導和尚は解釈致しております。釈迦・弥陀・十方の諸仏が共に、弥陀の本願を信じ念仏をする衆生には、あたかも影の形について、離れることがないように、離れることがないのだ、と明らかに教えています。だから、この念仏信心の人を、釈迦如来は、自分の親しい友であるとお喜びになっております。この他力の信心の人を、真の仏弟子といっています。この人を正念に住する人といい、この人は救いとってお捨になりませんので、金剛心をえた人と申すのです。この人を上上人（じょうじょうにん）とも、好人（こうにん）とも、妙好人（みょうこうにん）とも、最勝人（さいしょうにん）とも、希有人（けうにん）とも申すのです。この人は正定聚、つまり死ねば必ず極楽浄土に往生することが決まった人の境地が約束されたのだ、と知りなさい。だから、信心決定の他力の念仏者は弥勒仏と等しい人とおっしゃっています。それは、真実の信心をえたからで、必ず真実の浄土に往生できるのだと知りなさい。この信心をうることは、釈迦・弥陀・十方の諸仏のおかげによってそうなったのだ、と知りなさい。だから、諸仏の御教えをそしってはいけません、念仏以外の善根を修する人をそしる必要はありません。念仏する人を憎み、そしる人をも、憎んだりそしったりしてはなりません。むしろ、かわいそうに思い、気の毒に思う気持をもつべきであるとさえ、法然上人は仰せになっているほどです。……（『末燈鈔』二）

ここでは、まず、自力というのは念仏者各自の縁にしたがって、念仏以外の善根を修行し、自力をたのみ、自分でする努力の心をもって、自分を完全なものにととのえて、極楽浄土に往生しようとしている立場をいうのだと教えている。それに比べて、他力とは、義なきを義とする立場、いうなれば自分の努力を全く放棄して、弥陀の本願にまかせ切ることだという。そして、自分のような煩悩具足の悪人が救われるのだろうかなどという疑問をもってはならないといっている。さらに、弥陀の救いは、善人・悪人を区別して嫌うことなく、煩悩の心の有無など問題にすることなく往生させてくれるのだという。また、念仏者にたいして、釈迦・弥陀・十方の諸仏が、影の形につきそうように護ってくれるという形で現世の利益を説いている。念仏者は釈迦にとって最も親しい友であり、真の仏弟子といわれているといい、上上人・好人・妙好人・最勝人・希有人などの最高の讃辞をもって呼ばれるといっている。そして、念仏者の信心は、釈迦・弥陀・十方の諸仏のおかげであるから、諸仏の教えをそしってはならない。念仏以外の善根を修する人をそしる必要はないともいう。それだけでなく、念仏をする人を憎みそしる人をも、憎んだりそしったりすることなく、むしろ気の毒に思うべきであると教えている。

念仏の救いは学問ではない

また、親鸞は念仏の救いと学問についての発言を残している。旧い仏教が学問と修行によって悟りを開くことを主張したのにたいして、親鸞は、救いの条件として学問・修行を全面的に否定するという立場をとっている。そうした立場は、叡山における二十年間の体験や法然の教えをふまえたものであった。親鸞は救いという点で学問を否定したが、別の意味で学問を肯定している。では、親鸞における念仏の救いと学問の関係を、『歎異抄』によって考えてみよう。

経や経の解釈書を読み研究しないものどもは、往生は不定とのことがいわれているが、このことは、全く言語道断のことといえるでしょう。他力のほんとうの救いの本旨を説き明らかにしているもろもろの経は、弥陀の本願を信じ、念仏を申せば仏になれるといっています。念仏のほかに、どのような学問が往生のために役立ちましょうか。この道理に迷っている人は、どれほどでもどれほどでも学問をして、弥陀の本願のほんとうの意味を理解すべきです。経や解釈書を読み学んだからといっても、経の本意を理解していないことは、誠に気の毒なことです。一字も読めず、経や解釈書の筋道をも知らない人のとなえやすいためのものが名号でありますから、念仏の救いのことを易行というのです。学問をもっぱら大切に考えるのは、旧い仏教、つまり聖道門であって、これは難しい修行ですから難行と呼ぶのです。間違えて、学問をして名誉欲や物欲にとらわれる人は来世に極楽浄土に往生することはあぶなっかしい、という証拠の経文もございますよ。このごろ、専修念仏の人と聖道門の人が論争をおこない、自分の宗旨こそすぐれている、ほかの宗旨は劣っている、と言いあったので、法敵もでき、正しい法を謗しるといった事態がおこったのです。このことはつまり、自分自身が自分の信じている仏法を破謗することではありませんか。

たとえ、諸々の宗派がこぞって念仏はつまらない人のためのものであって、念仏の救いは浅薄で、低級であると悪口をいっても、決してこれと争そうことなく、われわれのような能力の劣った凡夫で、無学文盲の者が、ただ信じさえすれば救われるということを聞いて、これを信じているのです。したがって全く能力の優れた人のためには卑しい救いであっても、われわれ劣った者にとっては念仏は最上の法なのでございます。たとい、念仏以外の教えがすぐれていたとしても、われわれ下機下根の凡夫にとっては、力がおよばないから、そのような貴い法であっても修行することは不可能です。お互いに、迷いの世界から離れることこそ、もろもろの仏のほんとうの気持でございますから、諸仏の悪口をいっても弥陀の救いの妨げにならないからといって、憎まれ口をきかなければ、誰か念仏にたいして仇をなすものがありましょうか。そのうえ、争いのあるところには、もろもろの煩悩がおこるものです。智者は争いの場から遠ざかるべきだということについての証拠の経文があるほどでございます。故上人の仰せには、「この法をば信ずる衆生もあり、そしる衆生もあるものだと、仏がすでにお説きになっている事ですから、われわれはその仰せ通りにすでに念仏の救いを信じています。また念仏をそしる人があるからこそ、仏の予言があたったのだということを知ることが出来ます。だから、往生はいよいよ決定とお思いになるべきです。ひょっとして、念仏をそしる人がいない時に、なぜ念仏を信ずる人はあっても、仏の予言通りに念仏の悪口をいう人がないのだろうかとも、思われるでございましょう。だからといって、念仏者は必ずひとに悪口をいわれようとすべき理由はありません。仏の予言は、仏が、前々から念仏を信ずるもの、そしる者、共にあるということをお知りになって、人びとに疑問をおこさせまいと考えて、お説きになったことをいうのです」という言葉があります。今の世では、学問をして、ひとの批判をしりぞけ、ひたすら論義問答ばかりをしようと身がまえているのでしょうか。いやしくも、仏教の学問をしたなら、いよいよ弥陀如来の御本意をも知り、悲願の広大の旨を自覚して、自分のような卑しい身では往生はあぶなっかしいなどと心配している人にたいしても、弥陀の本願は善悪浄穢など問題にしないのだ、ということをも説いてこそ、学者の甲斐があるというものです。にもかかわらず、たまたま、なんとはなしに、弥陀の本願にかなった態度で念仏をする人をとらえて、学問してこそ救われるのだ、などと言っておどすことは、仏法にとって悪魔であり、仏法の怨敵なのです。そのような人は、自分自身が他力の信心が欠けているだけでなく、間違ってほかのひとを迷わそうとしているのです。そのような行為は、先師の御心にそむくということを、慎しんで恐れなければなりません。また、それは弥陀の本願ではないということを、あわせて哀れむべきです。(『歎異抄』一二)

親鸞はいう。経や釈を読み研究しないものは往生できぬなどという者があるが、全く言語道断のことである。他力の真の救いの本旨を説いているもろもろの経は、弥陀の本願を信じ、念仏すれば仏になれるといっていると説いているのだ。念仏のほかにどのような学問が往生のために役立つだろうか。

この道理に迷っている者は、出来るだけ学問をし、弥陀の本願のほんとうの心が信心一つであることを理解すべきであるといっている。親鸞にあっては、経・論・釈の学問は悟りを開くためでなく、仏の救いが信心によってあたえられることを知るためという意義に変っている。したがって、親鸞は、念仏者は一文不知のままでよいのだという。諸々の宗派がこぞって、念仏はつまらぬ人のためのものであり、念仏の救いは浅薄で、低級であると悪口をいっても、これと争ってはならない。むしろ、われわれのような能力の劣った凡夫で、一文不知の者が、ただ信じさえすれば救われるということを聞いて、これを信じさえすれば、能力の優れた人にとっては念仏は卑しい救いであっても、われわれ下賤下根の者にとっては、念仏は最高の法なのだと教えている。

そして、親鸞は学者にたいして、「いやしくも、仏教の学問をしたならば、いよいよ弥陀如来の御本意をも知り、悲願の広大の旨を自覚して、自分のような卑しい身では往生はあぶなかろうなどと心配している人にたいしても、本願は善悪浄穢など問題にしないのだということを説いてこそ、学者の甲斐があるのだ」といっている。

また、親鸞（八十八歳）はつぎに示す文応元年十一月十三日付けの関東の乗信房あての手紙においても、弥陀の救いは、学問にたよらず、それを放棄して、信仰一つで実現するものであることを教えている。

なによりも、去年、今年にわたって、老少男女の多くの人びとが飢饉でなくなられたことは気の毒に存じます。しかし、生まれたり死んだりすることの無常さは、詳しく弥陀如来がお説きになっておいでになる以上は、驚くことはありません。まず、親鸞におきましては、臨終の有様の善い悪いなど問題に致しません。信心決定のひとは、間違いなく往生することが決まっておりますので、正定聚の位につくことになっているのです。だからこそ愚癡無智のひとも、本願を信じて安心して立派に死ねるのです。如来の力によって往生するということを、皆様に申しましたが、その通りです。年来、皆様方に申しましたことは間違いありません。決して学者のまねなどなさらずに、信心一つで往生をおとげになって下さい。故法然聖人は「浄土の教えで救われようとするひとは愚者になって往生す」と申しましたことを、私は確かに承わっております。そのうえ、ものの道理もわきまえぬようなあきれ果てるほどの人びとが法然聖人のもとを訪れたのをご覧になって「あの人たちはきっと往生なさるでしょう」といって、ほほ笑まれたのを拝見致しました。学問をして、りこうそうな人が訪れたのを見て「あの人は往生はどうかなあ」とおっしゃったのをも確かに承りました。そのことが、今にいたるまで思い出されます。人びとにだまされずに、ご信心をぐらつかせずに、皆様はご往生なさるべきです。しかし、ひとにだまされなくとも、信心が定まらない人は、正定聚の境地に達することができず、信心が動揺している人なのです。常陸国奥郡の乗信房はこのように申しておいた趣きを、ほかの人びとにも申し伝えて下さい。(『末燈鈔』六)

この手紙において親鸞は、愚癡無智の人が弥陀の本願を信じて安心して立派に死ねるといっている。念仏者は、学者のまねなどせずに、信心一つで往生を遂げてくれという。そして、法然が「浄土の教えで救われようとする人は愚者になって往生す」という言葉を紹介している。また、法然は一文不知の愚人たちをさして「あの人たちはきっと往生なさるでしょう」といい、学問をしてりこうそうな人をさして「あの人は往生はどうかなあ」と言ったという言葉を引用して、親鸞は念仏の救いにおいて学問の必要ないことを説いている。

悪人正機

つぎに考えたいことは、親鸞の思想の根底を貫く悪人正機の思想である。悪人正機についてはすでに若干述べた（四八頁）ところであるが、再びここで考えてみよう。親鸞の悪人正機の思想を考える手掛りとして『歎異抄』のつぎの文章を示してみよう。

自力の念仏や善根を弥陀の本願の力に加えて往生しようとする善人、つまり弥陀の本願を百パーセント信じ切れない善人でさえも救われる。まして煩悩具足の凡夫たることを自覚し、弥陀の本願を信じ切った悪人が救われるのはあたりまえではないか。それにもかかわらず、世間の一般の人びとは常にいっています。「悪人でさえ極楽浄土に救われる、まして善人が救われるのはあたりまえではないか」と。このことは、一応理由があるように見えるけれども、ほんとうは弥陀の本願他力の真意にそむいた考えなのです。なぜかというに、自分の力で成仏のために善をつむ人は、ひたすら弥陀の他力の救いをたのみ切る心が欠けているから、そのような善人の態度は弥陀の本願のほんとうの目的にかなっていないのです。しかしながら、善人たちがそのような自力の心を改めて、心から他力の救いをたのみたてまつれば、ほんとうの極楽浄土に往生をとげることができるのです。煩悩具足のわたくしたち悪人が、どのような仏教の修行によっても迷いの世界から離れることのできないのをおあわれみになって、本願をおおこしになった弥陀のほんとうの気持は、わたくしたち煩悩具足の凡夫を仏にさせるためなのです。したがって、弥陀の他力の救いを心からたのみたてまつる煩悩具足の悪人＝凡夫が弥陀の本願によって第一に正しく救われる者なのです。だから、善人でさえも救われるのだ、まして煩悩具足の悪人が救われるのは当然ではないか。（『歎異抄』三）

煩悩具足が人間の本質であり、その煩悩はどのような行(ぎょう)によっても剝ぎとることは不可能と考え、しかも煩悩具足のままの救いを見いだしたのが親鸞であった。親鸞は、末法の世の煩悩具足の凡夫のために誓われた弥陀の本願を、親鸞ひとりのためのものというほどに、自己の煩悩の深さを自覚したのであった。そうした親鸞が、弥陀の本願の前に、全く自分の努力を放棄し、弥陀にすべてをまかせ切るところに弥陀の救いを見い出したのであった。しかも、煩悩を断ずることなく、煩悩具足のままの救いが親鸞が見い出した弥陀の救いであった。親鸞は『正信念仏偈』のなかに「能く一念喜愛の心を発すれば、煩悩を断ぜずして涅槃を得るなり」という言葉を残している。そのような親鸞が到達した弥陀の救いは、当時の常識を否定する悪人正機であった。親鸞の生きた時代の弥陀の救いは「悪人でさえ救われる、まして善人をや」の善人正機が主流であった。親鸞は、自力の心を捨て切れず、弥陀の本願の前に、義なきを義とする自分を投げだすことのできぬ善人でさえ、そうした善人の心を改めて、煩悩具足にして、どのような行にも耐ええない自分を自覚し、弥陀の本願にまかせ切るといった回心をなしとげた時、つまり人間の本質を煩悩具足の悪人であることを自覚した時に、救われるというものであった。そこに、悪人正機の教説が強く打ち出されるのである。

しかも、悪人正機は、当時の念仏の救いの主流をなす論理を真正面から否定するものであり、そのことは、古代以来の念仏の救いの論理への絶縁状を意味したのである。親鸞は、他力の念仏に救われた時、古代以来の念仏の救いと絶縁しただけでなく、人間関係の面でも、再び古代仏教の人びとや公家貴族とも絶縁した。このような意義をもつ悪人正機の思想は、つぎに示す『歎異抄』にみられる親鸞とその弟子唯円の対話のなかにも、形を変えて明確に感じとることができる。

「念仏を申しましても、おどりあがって喜ぶ気持がおこらず、またいそいで極楽浄土へ行きたいといった心がないのは、どうしたことでございましょうか」と唯円が親鸞にたずねた。すると、親鸞は「私もこの疑問があったのです、唯円房もおなじ心であったのですか。よくよく考えてみれば、天におどり地におどるほどに喜ぶべきことを、自分が喜ばないだけであって、そのことがいよいよ往生が間違いない証拠なのだとお思いになるべきです。心から喜ぶべきことを抑えて、喜ばせないのは、煩悩がそうさせるのです。しかし、阿弥陀仏が前々からご承知になって煩悩具足の凡夫をお救いになると仰せになっていることですから、弥陀の他力の悲願は、このように喜ぶべきことを喜べないような煩悩具足のわれら悪人のためにあるのだと自覚されて、いよいよ心強く思われるのです。また、浄土へいそいで行きたいという心がなくて、少しでも病気にでもなれば、もう死ぬのではないかと、心細く思われますのも、煩悩がそうさせるのです。久遠劫(くおんごう)の昔から今日にいたるまで流転する苦悩のこの世は去り難いものです。それにたいして、まだ行ったことのない阿弥陀仏の西方浄土は、どのような素晴しいところであろうとも恋しく思われないということは、ほんとうに煩悩の盛んなためでございましょう。名残り惜しく思えますが、娑婆の縁がつきて、やむをえず死ぬ時にはじめてかの極楽浄土へ行くべきでございます。いそいで浄土へ行きたいといった心のない者を、弥陀は特にお憐れみになるのです。このような次第ですからいよいよ弥陀の大悲大願は頼しく思われ、煩悩具足のわれわれ悪人の往生は決まったのだとお思い下さい。踊躍歓喜の心もおこり、いそいで浄土へ行きたく思えるなら、そのような人は煩悩がないのでございましょう、煩悩具足しないならば救われるということは疑がわしく思われます。

(『歎異抄』九)

唯円は親鸞にたいして、信心決定して極楽往生がきまったにもかかわらず、踊躍歓喜の気持もおこらず、浄土へいそいで行きたいという心がなく、少しでも病気にでもなれば、もう死ぬのではないかと心細く思われるという、心境を訴えている。親鸞は、それにたいして、自分もそうなのだと肯定する。そのように、喜ぶべきことを素直に喜ぶことができないのは、煩悩がそうさせるのである。煩悩がそうさせるとあれば、われわれが煩悩具足の悪人の証拠である。弥陀は煩悩具足の悪人こそ救うのだと誓われているのであるから、これによってもわれわれが救われることは間違いないのだという。それ故にこそ、ますます弥陀の大悲大願はたのもしく思われ、煩悩具足のわれわれ悪人の往生は決まっているのだと思いなさいと唯円に教えている。さらにまた、踊躍歓喜の心もおこり、いそいで浄土へ行きたく思えるなら、そのような人は煩悩がないことになるのであろう。煩悩具足しないならば悪人でないから救われることは疑がわしい、とまで親鸞は言い切っている。

以上のようにして生まれる他力の念仏者相互の人間関係についても、親鸞は独特の思想を打ち出している。それが、同朋・同行的人間関係である。それを支える思想が同朋精神である。この問題も前述したところである。（五六頁参照）

同朋精神についてわれわれに物語ってくれるのが、つぎの『歎異抄』にみられる、親鸞は弟子一人ももたずといった言葉である。

専修念仏の人びとのあいだに、あれは自分の弟子だ、あれはひとの弟子だという、弟子争いがあることは、もってのほかのことです。親鸞は弟子などひとりも持っておりません。その理由は、自分の力でひとに念仏を申させてこそ、その人は弟子でございましょう。全く弥陀の導きのおかげで念仏申す人を、自分の弟子と申すことはほんとうにとんでもないことです。師弟の関係などというものは、つき従がうべき縁があればつき、はなれるべき縁があれば、離れてゆくものであるのに、師から離れて、ほかの師について念仏すれば、往生できないのだなどということは言語道断のことです。阿弥陀如来からたまわった信心を、わがもの顔に取りかえそうというのでありましょうか。くれぐれもいけないことです。弥陀の本願のおぼしめしにふさわしい態度をとるとすれば、仏恩をも知り、また弥陀の本願を取りついでくれた師の恩をも知るべきです。(『歎異抄』六)

親鸞にあっては、念仏をとなえさせるのも、信心をもたせるのも、救うのも、すべて弥陀の力であった。その当然の結果として、煩悩具足の凡夫＝悪人を救うのは弥陀一仏だけであった。他力の信心が、弥陀からたまわるものであってみれば、念仏者の階級・身分・能力の如何を問うことなく、念仏者の信心はすべて平等なのであった。それにもかかわらず、自分が弥陀の本願を取りついだ念仏者を自分が救ったという意味で弟子と見なすことは、親鸞としてはありえないことであった。だからこそ、親鸞は弟子一人ももたずといっている。念仏者は、弥陀の本願を信ずる限りにおいて、念仏者の組織、共同体内においてはすべて平等の人間関係におかれたのである。親鸞は、人間が生まれながらに位置づけられた身分・貧富・性別などの違いは、前世からの宿縁・宿業として肯定した。しかし、念仏者となった時には、弥陀の前においては、すべての念仏者が平等的関係にあると考えたのである。だからといって、親鸞は念仏者集団の人間関係において、弥陀の本願を知るうえでの先輩たる師の存在を否定したわけではなかった。本願の取りつぎ者としての師弟関係は肯定している。そこに「弥陀の本願のおぼしめしにふさわしい態度をとるとすれば、仏恩をも知り、また弥陀の本願を取りついでくれた師の恩をも知るべきである」といった言葉が生まれてくるのである。

つぎに考える問題は、親鸞における念仏の功徳についてである。

念仏は善悪を超越する

親鸞の理解した念仏の功徳は、煩悩具足の凡夫のおかす罪を、念仏によって一つ一つ消すのではなく、罪を超越するところに救いを見い出している。それらの問題の解答をあたえてくれるのが、つぎに示す『歎異抄』の文章である。

一度の念仏に八十億劫の重罪を滅する功徳があるということを信じなさいということ。この条は、十悪五逆をおかしたような罪人が、日ごろは念仏をとなえないで、命が終ろうとする時、はじめて善知識の教えにしたがって、ひとたび念仏すれば、八十億劫もの罪を滅して、十度念仏申せば、八百億劫の重罪を消して往生するのだといっているのです。これは、十悪五逆の罪の軽重を自覚させるために一念十念といったのであって、それは念仏にそなわっている滅罪の功徳であります。そのような滅罪の功徳だけを信ずるのは、まだわれわれ他力の念仏者が信じている他力の信心にはかないません。そのわけは、弥陀の光明にてらされるがゆえに、ひとたび念仏の救いを求める気持が起きる時、ゆらぐことのない信心を弥陀からたまわるのですから、念仏者はその時往生が決定した境地につかせてもらい、命が終われば、もろもろの煩悩や悪業を転じて、安らぎの境地に安住させて下さるのです。この弥陀の悲願がなかったならば、われわれのような呆れるほどの罪深い人間はどうして迷いを離れて仏となることができようかと思って、一生涯にわたって申すところの念仏は、すべて弥陀の大悲によって救われた御恩を報じ、徳を謝すための御恩報謝の念仏と思いなさい。念仏を申すたびごとに、その念仏で罪を消すのだと信ずる者は、自力で罪を消し、往生しようと努力しているのです。もし、念仏して、その功徳によって往生するならば、一生のあいだのあらゆることは、皆迷いの世界に人間をしばりつける絆でないものはありませんから、命の終わるまで念仏を怠らず申して、それで往生することもできましょう。しかし、人間のつくった業の報いには定まりがあり、どのように念仏を申しても消し尽くせないものもあるのです。したがって、どのような思いがけない出来事にもあい、また病気に苦しめられて念仏に専念できずに命が終わることもありましょう。その時は念仏を申すことが不可能なのです。念仏ができずにいた間に消し残した罪をば、どのようにして消したらよいのでしょうか。罪が消えなければ、往生は不可能でしょうか。いや、摂取不捨の弥陀の本願をおたのみになれば、どのように思いがけない罪をおかし、念仏をしないで命を終わろうとも、直ちに往生をとげることができるのです。また念仏を申すことができるのも、やがて往生成仏する時期が近づくにつれて、ますます弥陀をたのみ、弥陀の御恩を報謝しなければならないのです。念仏で罪を滅せんと思うのは自力の心であって、臨終に正しい念仏をして、それによって救われようとする人の考えですから、その人は他力の信心がないことになるのです。（『歎異抄』一四）

念仏には一念によって八十億劫の罪を滅する功徳があり、その功徳によって煩悩具足の悪人が前世・今世の宿業や罪を消して消して消し尽くして往生することも可能であるという。このような念仏の功徳を信じ往生しようとするのは、自力で罪を消して救われようとする人びとである。そうした自力の信心は、まだ他力の信心にかなわないのである。一念一念で罪を消して往生することも可能であるが、凡夫の身として命の終わるまで念仏をとなえて罪を消し尽くせないこともあろう。また、病いに苦しめられて、念仏に専念できずに命が終わることもあろう。そのような時、罪は消え切らず、罪を背負ったまま死ぬことになるから、往生は不可能であろう。他力の念仏の救いは、そのようなものではなく、あらゆる罪を超越するが故に、罪業深重、煩悩具足のまま救いが約束されるのである。一念発起の時、弥陀が信心をあたえてくれるがゆえに、念仏者はその時点で往生が決定し、命が終わればもろもろの煩悩や罪業を転じて極楽に救ってくれるのである。だから信心決定後の念仏はすべて弥陀の大悲によって救われた御恩報謝の念仏となるのである。それは決して滅罪のための念仏ではない。

このように、親鸞は他力の念仏の救いを善悪を超越したところに見い出していた。

この世で煩悩具足のまま救いが約束された他力の念仏者の生活は、善・悪など気にすることなく勝手に行動してよいかというと、決してそうではなかった。親鸞は、念仏者の生活の理想像について、関東の門弟に度々手紙を書いているが、つぎに示す十一月二十四日付けの手紙も、その一つである。そこでは人間のおかす悪・罪の意味を教え、悪の行為を厳しく制している。

なにはともあれ、聖教の教えも知らず、また浄土の教えのほんとうの意味をも知らないで、想像もおよばない勝手な恥知らずの者たちのなかに、弥陀の本願の救いにたいしてはどのような悪も妨げにならないのだから、悪は思うだけ行なえとおっしゃっていることこそ、かえすがえすもあってはならないことです。常陸国の北の郡にいた善乗房という者に、最後まで私が親しくすることなく終ったのをご覧になりませんでしたか。われわれは煩悩具足の凡夫であるからといって、どのようなことでも思うままに振る舞ってよいのだといって、盗みをもし、人をも殺しなどしてよいものでしょうか。念仏者になる前には盗み心もあった人も、極楽往生を願い、念仏を申すようになったならば、もとの曲った心をも考え直してこそ当然なのに、まだ念仏の信心をもっていそうに見えぬ人びとにたいして、悪など気にすることはないと説くことは、夢にもあってはなりません。煩悩に狂わされて、思わず、してはならないことをし、言ってはならないことをも言い、思ってはならないことをも思うことが、往生の妨げにならないというのです。障害にならぬからといって、人にたいして不正直な、してはならないことをもし、言ってはならないことも言うのならば、それは煩悩に狂わされておかしている罪ではありません。わざとすまじきことをするということは、くれぐれもあってはならないことなのです。鹿島・行方（茨城県）の人びとが間違った信心をしているのを、とどめるように言い聞かせ、その辺の人びとの間違った信心と行動を制止してこそ、この辺から出た正しい念仏者としての証拠でもございましょう。それにもかかわらず、振る舞いは、なんでも思い通りにせよと、言っているということはあきれ果てたことでございます。この世の悪いことも捨て去り、あきれるようなことをも行なわないでこそ、この世をいとい、極楽浄土を求めて念仏申すのではありませんか。年来念仏する人などが、他人にたいして悪いことをもし、また言ったりすれば、念仏者としての甲斐もありません。だから、善導和尚の御教えには、悪を好む人をば、慎しんで遠ざかれとさえ、至誠心の説明のなかにお教えになっているのです。一体、いつ、自分の心の悪いのにまかせて、思うままに振る舞えと仰せられていますか。そのようなことはないはずです。おそらく経や釈をも知らず、如来の救いをも知らない人にたいして、決して決して悪は思うままに行なえなどということを勧めてはなりません。また、往生ということは、すべて煩悩具足の凡夫の努力によるのではありません。如来の御誓いにすべておまかせになるのですから、他力なのです。いろいろと自力の努力をなすっておいでのようで、おかしく思われます。（『末燈鈔』一七）

弥陀の本願の前には、どのような悪も往生の障害にならないのだといって、悪を思うだけ行なってよいのだという念仏者にたいして親鸞は、そのような行為を厳しく誡めている。われわれは煩悩具足の凡夫だからといって、どのような悪を行なってもよいというはずはなかろう。念仏者になる前の曲った心を正しく直してこそ、正しい念仏者の証拠ともなるのだ。往生の障害にならない悪というのは、煩悩に狂わされておかす悪だけである。にもかかわらず勝手気ままに罪をおかすことは、煩悩に狂わされた罪ではない、と親鸞はいう。そして、この世の悪を捨て去り、罪をもおかさない生活態度こそ、他力の念仏者の正しい姿勢なのである。親鸞は、念仏者たちに、当時の社会に通用する倫理観に従って行動し、社会的に見ても理想的人間であれと説いている。

ここに出てきた一つの問題が、弥陀の本願はどのような悪をも問題とせずに救ってくれるという教えに支えられて、一部の念仏者のなかに悪は思うままに行なえという行動をとるものがあったという問題である。当時、このような念仏者を「本願ぼこり」と称していた。親鸞は、これら本願ぼこりの念仏者にたいしてどのような考えをもっていたのであろうか。

本願ぼこりも救われる

本願ぼこりの念仏者が、救われるか救われないかについての親鸞の考えは、一般論と具体論によって異なる。弥陀の本願に甘えて悪は勝手次第とする念仏者にたいして、他の念仏者たちは、本願ぼこりの人びとは往生できないのだといっていた。本願ぼこりの往生不可能論にたいして、親鸞がどのような考えをもっていたかを、われわれに示してくれるのが、つぎに掲げる『歎異抄』の文章である。

弥陀の本願の功徳ははかり知れないほどの力があるのだとて、悪を恐れないのは本願ぼこりであるから、往生は不可能であるというのは、弥陀の本願を疑い、善悪の行為が宿業のしからしむるものであるということを知らないからです。よい心のおこるのも前世につくった業因としての善業がそうさせるからなのです。悪しきことを思ったり、したりするのも前世の悪い因縁がそうさせるのです。親鸞上人の仰せには「たとえ卯毛・羊毛の先に入るほどの小さな塵ほどでも、人間がつくる罪で宿業のせいでないということはないのだ、と知りなさい」ということが見えています。また、ある時親鸞は「唯円房よ、あなたは私のいうことを信じますか」と仰せられました。そこで私唯円は「信じます」と申しましたところ、親鸞は「それでは、これから言うことに背きませんか」と重ねて仰せられましたので、私唯円は慎んで承知しました。すると親鸞は「いま、人を千人殺してみないか、そうすれば往生は必ず決定（けつじょう）するだろう」と仰せになりました。その時、私唯円は「親鸞聖人の仰せではございますが、一人でさえも私の身にそなわった能力では、人を殺せそうにも思われません」と申しました。すると親鸞は、「それでは、どうしてさきほど親鸞のいうことに背むかないといったのか」と仰せられ、「これでわかるでしょう。なにごとも、思い通りに自由に振る舞えるならば、往生のためにひとを千人殺せといわれれば直ちに殺すでしょう。だが、一人でさえも殺すことの出来ぬ前世からの業縁がないからこそ殺さないだけなのです。自分の心がよくて殺さぬのではありません。また、殺すまいと思っても、百人も千人も殺すこともありましょう」と仰せになりました。そのお言葉は、われわれが、心のよいのを善いと思い、悪いのを悪いと思い、すなおに本願の功徳の力によって救われるということを知らないのを指して、仰せになったのです。かつて、邪見におちた人があって、悪をつくった者を救けようという目的でたてられたのが弥陀の本願であるからといって、わざと好んで悪をおかし、それを往生の業因とすべきだとの由を申して、さまざまなよくないことを行っているという風評が聞えてきました。その時、親鸞の御手紙に「薬があるからといって毒を好んではならない」とお書になっているのは、かのよこしまな考えにとらわれている人の行為をやめさせるためなのです。決して、煩悩具足の凡夫がおかす悪が往生の障りになるというのではありません。「戒律をかたく守っているだけ、本願を信ずるならば、われわれのような煩悩具足の悪人＝凡夫は戒律など守るべくもないのですから、どうして迷いの世界から離れることが出来ましょうか」と親鸞は仰せになられています。このようなあさましい身も、弥陀の本願にめぐりあってこそ、ほんとうに弥陀の本願に甘えることが出来るのです。だからといって、自分の身にそなわってもいない悪業は、まさかつくれるものではありません。また、「海河に網を引き、釣をして世を生きる漁夫も、野山にけものを狩り、鳥をとって生業とする猟師も、商売をする商人も、田畠を耕してこの世を生きる農民も、皆同じことなのです」と親鸞聖人は仰せになっています。また「そうなるはずの業縁が働いたならば、人間というものはどのようなことをもするものです」と親鸞聖人は仰せになっております。それにもかかわらず、このごろは外面だけは後生（ごしょう）を願っている念仏者のふりをして、善人だけが念仏申すべきようにいい、あるいは道場にはり文をして、これこれのことをした者をば道場に入れない、などということがあります。それは、外は全く賢明な善をはげむような格好をして、内心にはいつわりをいだいているものでありましょう。弥陀の本願に甘えてつくる罪も、宿業がそうさせるのです。だから善いことも悪いことも、みな前世からの因縁のむくいにまかせて、ひたすら弥陀の本願をお頼みすればこそ、他力というのではありませんか。聖覚の『唯信鈔』にも、「弥陀がどれほどの力をお持ちになるかを知ってかしらずか、自分は罪業の深い身であるから、どうも救われそうもないと思うべきだろうか」とあります。本願に甘える心があるにつけてこそ、他力をたのむ信心も決定するものです。すべて悪業煩悩を断ちつくしてのちに本願を信ずるならば、本願に甘える考えもなくて結構であろうが、煩悩を断ちつくしたならば、その人は仏になったのであり、仏のためには弥陀の五劫思惟の本願など必要ないでしょう。本願ぼこりと誡しめられる人びとも、煩悩不浄を身にまとっているのです。だから本願に甘えることが出来るのではありませんか。どのような悪を本願に甘える本願ぼこりというのでしょうか。どのような悪が本願に甘えることのない悪でしょうか。本願ぼこりが救われないなどというのは、むしろ思慮が浅いことです。（『歎異抄』一三）

親鸞は、本願ぼこりは往生不可能だなどというのは、弥陀の本願を疑い、善悪の行為が宿業のしからしめるものであるということを知らないからであると言っている。

罪悪深重の悪人を救う目的で誓われたのが弥陀の本願だからといって、すすんで悪を行なうのはよくないという。悪がよくないからといって凡夫の往生の障害になるというのではない。持戒持律をまもって本願を信じよというならば、われわれ煩悩具足の悪人＝凡夫は救われる術（すべ）はないではないか。このようなあさましい身でも、本願にめぐりあってこそ本願に甘えることが出来るのではないか。だからといって、まさか自分の身にそなわってもいない悪業は行なえるものであるまい。要するに弥陀の本願に甘えてつくる罪も、宿業がそうさせるのである。善いことも悪いこともすべて前世の因縁にまかせて、ひたすら弥陀の本願を頼めばこそ、他力というのではないか。本願に甘える心があるにつけてこそ、他力をたのむ信心も確立するのである。すべての悪業煩悩を断ちつくして後、本願を信ずるならば、本願に甘えることもなくよかろう。だが、煩悩を断ちつくしたならば、その人はすでに仏になったのである。仏のためには弥陀の本願など必要あるまい。本願ぼこりと誡められる人びとも、煩悩不浄を身にまとっているのだ。だから本願に甘えることが出来るのではないか。どのような悪を本願に甘える本願ぼこりというのか。どのような悪が本願に甘えることのない悪であろうか。本願ぼこりが救われないなどというのは、むしろ考えが足りないためである。

　親鸞は、このように一般論においては、本願ぼこりの念仏者も立派に弥陀の救いにあずかれると説いている。しかし、本願ぼこりの念仏者が行なう造悪無碍、諸神諸仏の否定といった言動を口実に、領家・地頭・名主、つまり村々の支配者から全念仏者の弾圧と念仏の禁止が行なわれた時、親鸞の本願ぼこりにたいする考え方は異なってくる。いわば、本願ぼこりも救われるという親鸞の論理は、具体論と一般論とでは大きな違いを見せる。つぎに示す九月二日付けの関東の慈信坊善鸞あての親鸞の手紙は、このことについて明確な解答をあたえてくれる。

手紙をかいてお送り申し上げます。この手紙を皆様にも読んで聞かせていただきたく存じます。遠江の尼御前が十分気をつけて取り計らって下さるでしょう。誠に結構に思われます。よくよく京都の親鸞が喜んでいたということをお伝え下さい。下野国那須の信願坊が申すことはかえすがえすもあわれむべきことでございます。煩悩具足の悪人であるからといって、殊更に間違ったことを好んで行ない、師のため、善知識のために悪いことを行ない、それが念仏の人びとのためによくない結果をおよぼすことに気が付かないのなら、それは仏恩を知らないことであるから、よくよく取り計らっていただきたいものです。また、狂乱して死んだ人のことをもって、信願坊のことを、よいとか悪いとか批評すべきではありません。念仏する人の死に方についても、肉体上の原因で病気になる人については、往生の姿を云々してはなりません。精神上の病いをする人は、悪魔ともなり、地獄にもおちるのです。心からおこる病と、身からおこる病とは、違いますので、心からおこる病で死ぬ人のことを、よくよく考えてやっていただきたいものです。信願坊の言っていることは、われわれ煩悩具足の凡夫の常として、悪いのが本来の姿であるからとて、思ってはならないことを好んで思い、行なってはならないことを行ない、口に出して言ってはならないことを申してよいように言っていることとは、とてもあの信願坊の申したこととは思えません。どのような悪も往生の邪魔にならないからといって、間違ったことを好めとは、私親鸞は申したことはございません。全くそのような記憶はございません。要するに、間違ったことを申す人は、その人ひとりだけがどうにかなってしまうことでしょう。その人のために、すべての念仏が妨害されることになるとは思われません。また、念仏を禁止する人は、間違ったことを好んでする本願ぼこりの念仏者だけを、どのようにもすべきでしょう。すべての念仏する人の責任や罪となるとは思われません。「五濁増の時、疑謗するもの多く、道俗相嫌いて聞くことを用いず。修行するもの有るを見ては瞋毒を起し、方便破壊して競いて怨を生ぜん」と、はっきりと善導和尚の御教えがございます。釈迦如来は「眼なし人と名ずく、耳なし人と名ずく」とお説きになっておりますす。このような人だから、念仏をも禁止し、念仏者をも憎みなどするのでございましょう。そのことについて、かの念仏を禁止し、妨害する人を憎まず、むしろ皆で念仏を申して、念仏を妨げる人びとを救けようとお互いに思うべきであると思われます。

九月二日　　　　親　鸞

慈信坊御返事

入信坊・真浄坊・法信坊にも、この手紙を読んで聞かせてあげて下さい。まことにまことに気の毒なことです。性信坊には、春上京してきた時によくよく申しておきました。くげ殿にも、よくよくよろしく申して下さい。この人たちが間違ったことをお互いに申しているからといって、よもや道理をふみはずすようなことはないと思われます。一般世間のことにも、そのようなことがございます。領家・地頭・名主が間違ったことをするからといって、百姓をまどわすことはないはずです。仏法をば破ることの出来る人はありません。仏法者が仏法を破るのを譬えたことに、獅子の身中の虫が、獅子の肉を喰うのに似ているという言葉がありますから、念仏者をば仏法者、つまり造悪無碍、諸神諸仏を好んで否定する本願ぼこりの念仏者が破り妨害するのでございます。よくよく気を付けて下さい。なおなお、お手紙では申し尽せません。（『御消息集』）

親鸞は、煩悩具足の悪人だからといって、間違ったことを好んで行ない、師のため、善知識のために悪いことを行ない、それが念仏者に悪い結果をおよぼすことに気付かぬなら、それは仏恩を知らないのだから、よくよく取りはからってくれといっている。また、本願ぼこりの人びとが、煩悩具足の悪人たるわれわれは、悪いのが本来の姿であるからといって、様々の悪を行なってよいのだということは、信じられない。どのような悪も往生の妨げにならないからといって、悪を好んで行なえと、親鸞は言ったことはないといい切っている。そして、間違ったことを言う人は、その本人だけがどうにかなってしまうはずであると言っている。本願ぼこりの念仏者のために、すべての念仏者の念仏が妨害されるとは思わない。念仏を禁止する人は、本願ぼこりの念仏者だけを、どのようにもすべきである。結局のところ、仏法を破ることの出来る人はないのだ。にもかかわらず念仏が禁圧されるのは、本願ぼこりのせいであり、その意味で本願ぼこりの念仏者が念仏を妨害しているのである。そのような本願ぼこりの念仏者は、たとえてみれば獅子身中の虫が獅子の肉を喰うようなものであると親鸞はいっている。

このほか、親鸞は九月二日付けの「念仏の人々」にあてた手紙においても「念仏のひと、ひがごとをまふしさふらはゞ、その身ひとりこそ、地獄にもをち、天魔ともなりさふらめ」（『御消息集』）といっている。つまり、親鸞は本願ぼこりの念仏者は、極楽浄土に救われることなく、地獄にも落ち、悪魔にもなるであろうといっているのである。

親鸞は以上のような念仏の救いに関する様々な思想を確立したが、そのようにして救われた念仏者の人間像について、もう一、二の発言を紹介しておこう。

他力の念仏者の姿

この世における他力の念仏者の姿について、親鸞は正嘉元（一二五七）年十月十日付けの性信坊あての手紙でつぎのようにいっている。

信心をえた人は、必ず、死ねば仏になる位につくがゆえに、等正覚、つまり仏の位に等しい位というのです。大無量寿経には摂取不捨の弥陀のご利益をうけることがきまった者を正定聚となずけ、無量寿如来会には等正覚とお説きになっております。その名こそ異なっておりますけれども、正定聚・等正覚は同じ意味であり、同じ位なのです。等正覚と申す位は、補処の弥勒、すなわちこの世を終われば、次は仏の地位に任ぜられることになっている弥勒菩薩と同じ位なのです。弥勒菩薩と同じようにやがて無上覚(むじょうがく)、すなわち最高の覚りに到達することになっておりますので、他力の念仏者は弥勒菩薩と同じであるとお説きになっています。さて、大無量寿経には次如弥勒、つまり念仏の信者は弥勒のようだと申すのです。弥勒はすでに仏に近くあらせられますので、弥勒仏と諸宗の通例として申すのです。だから弥勒に同じ位になれば、正定聚の人は如来と等しいと申すのです。浄土の真実信心の人は、この身こそあさましい不浄造悪の身ですけれども、心はすでに如来と同じですから、念仏者のことを如来と等しいと申すことがあるのだとお思い下さい。弥勒はすでに無上覚にその心が定まっていることになっていますので、三会(さんえ)、すなわち弥勒菩薩が仏の覚りをひらかれた時に、三回の大説法会を開かれるときと申すのです。浄土教の真実の信者もこの意味を心得べきです。中国の光明寺の善導和尚の般舟讃(はんじゅさん)には「信心の人は、その心はすでにいつも浄土に居(こ)す」と解釈致しております。居(こ)すというのは、浄土に信心の人の心がいつもいるという意味なのです。これは念仏者が弥勒と同じということを言っているのです。これは等正覚を弥勒と同じと申すので、念仏の信心の人は如来と等しいという意味なのです。

親鸞は、信心をえた他力の念仏者は等正覚・正定聚の位の人という。等正覚の位とは、この世を終われば仏の地位につくことになっている弥勒菩薩と同じ位だという。それゆえに他力の念仏者は弥勒菩薩と同じであると言っている。さらに弥勒菩薩はすでに仏に近いので諸宗では弥勒仏といっているから、正定聚の位の人、つまり他力の念仏者は如来と等しいのだと親鸞はいう。そして、他力の信心をえた念仏者は、その身こそあさましい不浄造悪の煩悩具足の身であるが、心はすでに如来と同じであるゆえに、如来と等しいのだとも親鸞はいっている。

このことに関して、関東の門弟随信坊が質問したのに対して、親鸞は十一月二十六日付けの随信坊あての手紙で、つぎのように答えている。

御質問についてお答えします。弥陀他力の誓願にお会いになって真実の信心を弥陀からたまわって、信心決定して喜ぶ心が決まった時、弥陀が摂取して、お捨てになりません。それゆえに、金剛心となる時を、正定聚の位についたとも申し、弥勒菩薩と同じ位になるとも、説かれてあるようです。弥勒と同じ位になるゆえに、ほんとうの信心の人をば、仏と等しいとも申します。また、諸仏が、われわれの真実の信心をえて喜ぶのを、ほんとうに喜んで、諸仏は信心決定の念仏者を自分と同じものだと、お説きになっております。大無量寿経には、釈尊の御言葉に「弥陀の本願を聞いて敬い、信心をえて大いによろこぶならば、すなわちその人が、わが善き親しい友である」とお喜びになっておりますので、信心をえた人は、諸仏と等しいとお説きになっているのです。また、弥勒をば、すでに仏になられることに決まっておいでになっていますので、弥勒仏と申すのです。だからすでに他力の信心をえた人をも、弥勒の場合と同じように、仏と等しいと申しなさいと見えております。お疑いになってはなりません。御同行たちが「弥陀の救いは臨終の来迎を不必要とすることを理解せずに、臨終来迎を期待している」とおっしゃっているのは、私にはどうすることも出来ません。信心が真実である人は、誓願の利益によってそうなったうえに、弥陀は摂取しておすてにならないというのですから、来迎臨終を期待すべきでないと思っております。（『末燈鈔』一九）

ここでも親鸞は、弥陀の本願にめぐりあって信心決定した他力の念仏者は、弥勒菩薩と同じであり、弥勒菩薩は弥勒仏とよばれているゆえに、他力の念仏者は仏と等しいのだといっている。このことを疑ってはならないといっている。このような思想は、つぎに示す十月二十一日付けの浄信坊あての親鸞の手紙にものべられている。

ご質問の内容まことに結構でございます。ほんとうの信心をえた念仏者は、もうすでに仏におなりになるはずの御身になっておりますので、如来と等しい人であると経に説かれています。弥勒はまだ成仏なすっておりませんが、やがて、必ず必ず仏におなりになるはずですので、弥勒をば、すでに弥勒仏と申しております。それと同じように真実の信心をえた人をば、如来と等しいと仰せられています。また承信坊が、念仏者は弥勒と等しいのだというのは誤りではありません。しかし、他力の救いによって信心をえて、喜ぶ心は如来に等しいというのを自力であるというのは、もう少し承信坊の念仏への理解がたりないように思われますので、よくよくお考えになっていただきたいものです。自力の心で自分の身は如来と等しいのだというのは、ほんとうに間違っています。他力の信心のゆえに、浄信坊が如来と等しくなったとお喜びになっているのは、どうして自力でございましょう。よくよく自力と他力の違いをお考え下さい。他力の信心をえた人は弥勒と等しくなるのだということは、このお手紙を持参する人びとに詳しく申してあります。承信の御坊は、この人びとにおたずね下さるよう。(『末燈鈔』一六)

以上見て来た親鸞における他力の念仏者はこの世において仏と等しいのだ、という思想の具体像は、つぎの『歎異抄』に語られている「念仏者は無碍の一道」の姿である。

念仏者は誰もがさまたげることのない人生をあゆむことが出来るのです。その理由はというに、弥陀の本願を信ずる念仏者にたいしては、天神地祇も敬伏し、悪魔や異教徒もさまたげをなすことがありません。犯した罪も、その当然の結果としてのむくいをおよぼすことが出来ず、もろもろの善もなんの関係がありませんので、念仏者は無碍の一道の人生をおくることが出来るのです。(『歎異抄』七)

この世において無碍の一道の人生をあゆみ、天神地祇も敬伏し、悪魔や外道も妨害をなすことのない人生は、もはや単なる煩悩具足の凡夫ではなく、それは煩悩具足ではあるが仏そのものとなるのである。

一念と多念

最後に親鸞の思想として、一念と多念、有念と無念、名号と誓願の意味について考えてみよう。親鸞は、一念多念、有念無念について、つぎに示す十二月二十六日付けの教忍坊あての手紙で明快な解答をあたえてくれる。

さてこのご質問のことは、まことによいご疑問でございます。まず一念にて、往生の業因は足るのだと申しますのは、まことに、その通りでございます。だからといって、一念のほかに念仏を申していけないということではありません。その理由は聖覚の『唯信鈔』に詳しく見えております。よくよくご覧下さい。一念によって往生が決まり、その後の念仏は往生のためには必要のない、余まった念仏です。その余まった念仏は十方の衆生にさしあげる念仏であるというのも、もっともなことでございます。十方の衆生にさしあげるからといって、二念三念することは、往生にとってよくないこととお思いになるならば、間違ったことでございます。念仏往生の本願とこそ仰せられておりますから、念仏を多く申すも、一念一称申すとも往生するのだと、こそ承たまわっております。必ず、一念だけで往生出来るのだといって、多く念仏をとなえれば、往生できないと申すことはゆめゆめあってはならないことです。『唯信鈔』をよくよくご覧下さい。また、有念無念、つまり本願を信じ、念仏を申すとき仏の姿などを思うべきか、教えを思うだけで具体的な仏の姿を思いうかべないでよいのかという事は、他力の救いにおいては、ありえないことなのです。それは自力の聖道門でいうことでございます。それらは、皆、自力聖道の教えでございます。阿弥陀如来の本願を選んだ念仏は、有念ということでもなく、また無念ということでもないと申しております。どのような人が申しましょうとも、ゆめゆめ間違ったことを信用してはなりません。聖道門において申すことを間違って理解して、浄土の教えを信ずる人びとが言っているのでございましょう。さらさらゆめゆめ信用なさってはなりません。また慶喜(きょうき)と申すことは、他力の信心をえて、往生を約束されたのだと喜ぶ気持を申すのです。常陸国中の念仏者のなかに、有念無念の念仏のやり方があると聞こえてきますのは、いけないことと存じます。ただ要するに、他力の救いの在り方は、念仏者の自力の努力によるのでないから、有念でもなく、無念でもないということを、曲解して、有念無念などと争っているのだと思われます。弥陀がお誓いになった本願は、念仏者がかれこれするものではありませんから、全く他力と申すのでございます。往生のためには、一念こそよいのだ、多念こそよいのだなどと申すことも、ゆめゆめあってはなりません。なおなお、一念によって往生するのですから、その一念以後の余まった念仏を一切の衆生にさしあげるというのは、釈迦・弥陀如来のご恩を報じようという心で、十方の衆生にささげるならば、結構です。しかし、二念三念の念仏を申して往生しようとする人をば間違っているとは申せません。よくよく『唯信鈔』をご覧下さい。弥陀の念仏往生の御誓いでありますから、一念十念も、往生は可能であると思うべきでございます。(『御消息集』)

一度の念で往生が約束されるからといって、それ以外に念仏をとなえてはならぬというのではない。一念によって往生が決まり、その後の念仏は弥陀救けたまえという意味では不必要、つまり余まった念仏なのである。この余まった念仏は、十方の衆生にさしあげる意味の念仏である。親鸞においては、信と行との接点の一念において救われ、それ以後一生のあいだとなえる念仏は報謝の念仏であり、救いを求める意味の念仏ではなくなるのである。したがって、往生のためには一念こそよいのだ、多念がよいのだという争いはありえないと親鸞はいう。そして、信心決定の一念以外の余まった念仏は一切の衆生にさしあげるものであり、そのことが釈迦・弥陀如来の御恩報謝になるのだという。また、有念・無念などという念仏の仕方は、他力の救いにはありえないのであり、それは自力の聖道門でいうことだ、と親鸞はいっている。

つぎに、南無阿弥陀仏の名号と弥陀の誓願との関係である。この解答は、つぎに示す『歎異抄』に語られている。

一字も読めないような一文不知の無学の人たちが、念仏を申しているのをとらえて「お前は、弥陀の誓願（せいがん）の想像もおよばないほど大きな力を信じて念仏を申しているのか、それともまた、南無阿弥陀仏の名号（みょうごう）の力を信じて念仏しているのか、どちらなのだ」とおどかし、誓願と名号の力の異同をも十分に教えもせず、人びとの気持を迷わすことは、くれぐれも慎しみ、考えなければなりません。誓願の力によって、持続しやすく、となえやすい名号を弥陀は考え出されて、この名号を唱える者を極楽浄土に迎え取ろうと、弥陀が約束されたのです。だから、まず、弥陀の大悲大願にたすけられて、迷いの世界から離れられるのだと信じて、念仏を申すのも、ひとえに弥陀如来のおかげであると思うからには、少しも、自分の力が加わっていないゆえに、本願のおぼしめしにかなって、極楽浄土に往生することが出来るのです。このことは、弥陀の誓願の力をしっかりと信じたてまつれば、そのなかに名号の功徳も含まれており、誓願・名号の功徳は、名こそ異なるが、もともと一つのものであって、全く違いはないのです。つぎに自力を加えて、善悪の二つについて善は往生のたすけとなり、悪は往生のさわりとなるといった別々のものと考えるならば、その人は誓願の功徳をたのまずに、自分の努力で往生のための善業をはげみ、また、申すところの念仏をも自力の努力で行なっていることになるのです。このような人は、名号の功徳をも、また信じ切れないのです。しかし、弥陀は、そのような善人、つまり自力の念仏者が弥陀の本願を信じ切れないでも、辺地・懈慢・疑城・胎宮、すなわち浄土のかたほとり、懈怠の人が生まれるところ、本願を信じ切れない人のゆくところ、浄土に生まれながらも一時期浄土の果報をうけられない境遇などには往生し、やがては、弥陀の二十願（自力の念仏者も、ついには他力の念仏に転向させて真実の浄土へ救うという願）があるから、最後には真実の浄土に生まれるのです。これは名号の功徳の力によるのです。このことはとりもなおさず、誓願の功徳のゆえですから、名号・誓願は名は異なっても一つのものなのです。（『歎異抄』一一）

親鸞は、誓願の力によって唱えつづけ易い名号を弥陀が考え出され、名号によって凡夫を極楽浄土に迎えようと約束したのだという。そして、弥陀の誓願をしっかりと信ずれば、そのなかに名号の功徳も含まれており、誓願と名号の功徳は、名こそ異なっているが、もともと一つのものであるという。弥陀の誓願を完全に信じ切れない善人でさえも、弥陀はついには救ってくれるのである。それは名号の功徳の力によるのである。このことはつまりは、誓願の功徳の力によるのであるから、名号と誓願は一つのものである、と親鸞は教えている。

以上のような念仏の救いに関する論理を、親鸞は一般の念仏者が覚え易すく理解し易すいために和讃の形式でまとめている。親鸞の救いの全思想は、和讃のなかに集約されているといっても過言ではない。

和　讃

親鸞は、『浄土和讃』・『高僧和讃』・『正像末浄土和讃』からなる『三帖和讃』をつくっている。そのなかの若干を紹介してみよう。まず『浄土和讃』である。

弥陀の名号となへつゝ
　信心まことにうるひとは

　憶念の心つねにして

　仏恩報ずるおもひあり十方衆生のためにとて

如来の法蔵あつめてぞ

本願弘誓に帰せしむる

大心海を帰命せよ

安楽浄土にいたるひと
五濁(ごじょく)悪世にかへりては
釈迦牟尼仏のごとくにて
利益衆生はきはもなし

若不生者(にゃくふしょうじゃ)のちかひゆへ
信楽(しんぎょう)まことにときいたり
一念慶喜(きょうき)するひとは
往生かならずさだまりぬ

仏慧功徳をほめしめて
十方の有縁にきかしめん
信心すでにえんひとは
つねに仏恩報ずべし

真実信心うるひとは
すなはち定聚(じょうじゅう)のかずにいる
不退のくらゐにいりぬれば
かならず滅度(めつど)にいたらしむ

弥陀の大悲ふかければ
仏智の不思議をあらはして
変成(へんじょう)男子の願をたて
女人成仏ちかひたり

信心よろこぶそのひとを
如来とひとしとときたまふ
大信心は仏性(ぶっしょう)なり
仏性すなはち如来なり

一切の功徳にすぐれたる
南無阿弥陀仏をとなふれば
三世の重障（じゅうしょう）みなながら
かならず転じて軽微なり

南無阿弥陀仏をとなふれば
この世の利益きはもなし
流転輪廻のつみきへて
定業中夭（じょうごうちゅうよう）のぞこりぬ

南無阿弥陀仏をとなふれば
梵王・帝釈（たいしゃく）帰敬す
諸天善神こと〲く
よるひるつねにまもるなり

南無阿弥陀仏をとなふれば
四天大王もろともに
よるひるつねにまもりつゝ
よろづの悪鬼をちかづけず

南無阿弥陀仏をとなふれば
堅牢地祇は尊敬す
かげとかたちとのごとくにて
よるひるつねにまもるなり

つぎは『高僧和讃』である。

煩悩具足と信知して
本願力に乗ずれば
すなはち穢身すてはてゝ
法性常楽証せしむ

五濁増（ごじょくぞう）のときいたり

疑謗のともがらおほくして
道俗ともにあひきらひ
修するをみてはあだをなす

つぎは『正像末浄土和讃』である。

弥陀の本願信ずべし
本願信ずるひとはみな
摂取不捨の利益にて
無上覚をばさとるなり

釈迦如来かくれましく〱て
二千余年になりたまふ
正像(しょうぞう)の二時はおはりにき
如来の遺弟悲泣せよ

正像末の三時には
弥陀の本願ひろまれり
像季末法のこの世には
諸善竜宮にいりたまふ

大集経にときたまふ
この世は第五の五百年
闘諍(とうじょう)堅固なるゆへに
白法隠滞(びゃくほうおんたい)したまへり

五濁の時機いたりては
道俗ともにあらそひて
念仏信ずるひとをみて
疑謗破滅さかりなり

弥陀智願の廻向の
信楽まことにうるひとは

摂取不捨の利益ゆへ
等正覚にいたるなり

念仏往生の願により
等正覚にいたるひと
すなはち弥勒におなじくて
大般涅槃をさとるべし

真実信心うるゆへに
すなはち定聚にいりぬれば
補処(ふしょ)の弥勒におなじくて
無上覚をさとるなり

弥陀の尊号となへつゝ
信楽(しんぎょう)まことにうるひとは
憶念の心つねにして

仏恩報ずるおもひあり

真実報土の正因(しょういん)を
二尊のみことにたまはりて
正定聚に住すれば
かならず滅度をさとるなり

仏智不思議を信ずれば
正定聚にこそ住しけれ
化生(けしょう)のひとは智慧すぐれ
無上覚をぞさとりける

聖道門(しょうどうもん)のひとはみな
自力の心をむねとして
他力不思議にいりぬれば
義なきを義とすと信知せり

釈迦の教法ましませど
修すべき有情のなきゆへに
さとりうるもの末法に
一人もあらじとときたまふ

仏智不思議をうたがひて
善本徳本たのむひと
辺地懈慢にむまるれば
大慈大悲はえざりけり

罪福ふかく信じつゝ
善本修習するひとは
疑心の善人なるゆへに
方便化土（けど）にとまるなり

仏智不思議をうたがひて
罪福信ずる有情は
宮殿（くでん）にかならずむまるれば
胎生のものとときたまふ

自力の心をむねとして
不思議に仏智をたのまねば
胎宮にむまれて五百歳
三宝の慈悲にはなれたり

仏智の不思議を疑惑して
罪福信じ善本を
修して浄土をねがふをば
胎生といふとときたまふ

他力の信をえんひとは

仏恩報ぜんためにとて
如来二種の廻向を
十方にひとしくひろむべし

五濁増のしるしには
この世の道俗こと〴〵く
外儀（げき）は仏教のすがたにて
内心外道を帰敬せり

かなしきかなや道俗の
良時吉日えらばしめ
天神地祇をあがめつゝ
卜占祭祀つとめとす

末法悪世のかなしみは
南都北嶺の仏法者の
輿（こし）かく僧達力者法師
高位をもてなす名としたり

以上問題を追って親鸞の思想を考えてきた。このような救いの論理に接した関東の人びとは、それまでの信仰や価値観を捨て去って、つぎつぎに念仏に生きる喜びを感じていった。では、親鸞の布教の結果、関東の村々にどのような数の念仏者が増えていったのであろうか。そして、それと関連して村々の領家・地頭・名主などの支配者とのあいだに、どのような問題がおこったのであろうか。このような問題を、念仏の発展と親鸞の帰洛という視点にたって考えてみよう。

Ⅵ　念仏の発展と親鸞の帰洛

念仏のひろがり

親鸞の命をかけた関東での念仏の布教によって、関東の村々ではどのように念仏者の数が増したかを、具体的に物語ってくれる史料は少ない。まず、親鸞の門弟として今日に名を知られている人びとを数える場合、最も重要な史料となるのが、前にも示した『親鸞聖人門侶交名牒』である。これに加うるに、『末燈鈔』などに収められている親鸞の手紙に見られる門弟の名前である。『親鸞聖人門侶交名牒』を見ると、そこには親鸞の直弟子としての念仏者四十四人の名が知られる。この四十四人のうちの二十九人が関東在住の門弟である。なかでも、親鸞が住まいをかまえた常陸国には、十九人の直弟子の名が知られる。つぎが下野国の五人、下総国の四人、武蔵国の一人という順となっている。これに、『末燈鈔』などに名をとどめる念仏者を加えると若干その数はふえてくる。

　このような関東における親鸞の直弟子の分布を地理的に、詳しく検討してみよう。まず、常陸国の奥郡、すなわち今日の多珂・那珂・久慈の那珂川以北の三郡にわたって、安養（あんよう）・入信（にゆうしん）・念信（ねんしん）・乗信（じようしん）・唯信（ゆいしん）・慈善（じぜん）・善明（ぜんみよう）・善念（ぜんねん）・唯円の九人の名が知られる。また、那珂川以南、鬼怒川以北では、乗念（じようねん）・

証信・慶西・法善・明法・実念・頼重・順信・教善・教念の十人の名が知られる。さらに鬼怒川以南、利根川以北の下総国には、善性・性信・信楽・常念・西願の五人が活躍している。下野国の六人の直弟子は、真仏・顕智・慶信・覚信・信願・尼法師などである。そして、武蔵国の一人は、北足立郡野立の西念である。

つまり、親鸞にかんするさまざまな史料から知ることのできる直弟子の数は、京都・越後・関東などの全体で七十数名であり、関東に限れば六十名前後ということになる。以上の念仏者の数で注意すべきことは、それらの人びとのすべてが親鸞の直弟子であって、しかもその名を今日まで伝えているほどの人びとであるという点である。親鸞が二十年にわたる関東での念仏布教の成果が、直弟子六十人前後ということは到底考えられない数である。六十人といえば、一年に三人の念仏者を得たことになる。親鸞の布教の成果として、その名こそ伝えられていないが、六十人をはるかに上まわる数の直弟子が出来たと考えても無理な推測ではなかろう。

なお、親鸞の布教の成果を考える場合、直弟子の名を数えあげること自体が、余り意義をもたないのである。最も重要なのは、親鸞や親鸞の布教を通じて念仏者となった人びとを媒介として、どれだけ多くの村々の農民が念仏の信仰をえたかということである。いうなれば、念仏者の坊主を中心に、村々でどれだけの数の農民たちが念仏者になったかである。そのような名もない念仏者の数こそ、関東における念仏のひろがりの実態を物語るものである。親鸞の分身として念仏の布教に当ったのは、直弟子だけではない。直弟子たちによって弥陀の救いを知った孫弟子とても、布教に懸命な努力をそそいだのである。そうなると念仏の布教者の数は急に倍加してくる。というのは、『親鸞聖人門侶交名牒』は直弟子の名を記した下に数々の孫弟子を記している。

たとえば、三河国の妙源寺本の『親鸞聖人門侶交名牒』では、高田の顕智の門弟として、専空・光念・寂信・妙光・唯善・教善・円光・善性・覚念・智道・慶覚・教忍・了性・善智・善念の十四人の名を記している。しかも、そのあとに「自余門弟等略之」、つまりほかの門弟たちは省略すると記されている。それは顕智の場合だけに見られる特例ではない。大部分の直弟子に関して、その孫弟子を列記したあとに「自余門弟等略之」と記している。下総国の性信などは、比丘尼証智・性空・証道・証蓮・明蓮・寂念・順智・西信・空智のあとに「雖レ多門弟略レ之」、すなわち、多いけれども門弟を省略す、と記している。

また、武蔵国荒木の光信の下には孫弟子として願明・顕性・寂信が記され、そのあとに「自余門弟略也」と記されている。この光信については京都の光薗院本の『親鸞聖人門侶交名牒』によれば、その名を明かにする孫弟子の数は二十七人と急増する。しかも、そのあとに「自余門弟略レ之」と記されている。このように見てくると、親鸞の直弟子たちは平均して二十人前後の孫弟子をもったと推察しても、必ずしも過ぎた想像でもなさそうである。

では、ここで簡単な計算をしてみよう。親鸞の二十年間の関東における念仏布教の結果として入信させた直弟子を、最も控え目に数えて五十人としておこう。そして、それら五十人の直弟子が、それぞれ二十人の孫弟子をもったと考えよう。それらの念仏者は、村々における念仏の布教者として活躍した人びとである。つまり、かれらを中心に数々の農民が念仏者として組織される核としての役割をもった人びとである。親鸞の直弟子五十人に孫弟子二十人を乗じてみよう。千人という数が生まれる。しかし、二十年間の布教の成果が、全関東で千人といっても驚くほどの数ではない。重要なのは、この千人の布教者＝坊主たちを媒介として入信した名もなき念仏者たちの数である。それが、親鸞の布教の成果になるのである。村々の坊主たちの囲りには、どのくらいの農民が念仏者として組織されたかを考えてみよう。この問題を解いてくれる鍵ともいうべき史料が、建長七（一二五五）年と推定される十一月九日付けの慈信坊善鸞あての親鸞の手紙のなかにみられる。そこには「慈信坊のくだりて、わがきゝたる法文こそまことにてはあれ、ひごろの念仏は皆いたづら事なりと候へばとて、おほぶの中太郎のかたのひと〴〵は、九十なむ人とかや、みな慈信坊のかたへとて、中太郎入道をすてたるとかやきゝ候」と記されている。つまり、親鸞の長子慈信坊善鸞が関東に下って、自分が親鸞から聞いた念仏の救いだけがほんとうであり、いままで関東の人びとが信じてきた念仏の救いは、すべて間違っていたと説いたので、常陸国那珂西郡大部郷（水戸市飯富）の中太郎についていた念仏者九十余人とかが、中太郎入道を捨てて、善鸞の側に走ってしまったのである。

中太郎入道とはどのような人物かというに、親鸞の有力門弟の名を記した『親鸞聖人門侶交名牒』

にも、その名を乗せていない、いわば無名の毛坊主であった。なお、中太郎にかんする記述と考えられる記事が『親鸞聖人伝絵』に、つぎのように記されている。

常陸国、那荷（珂）西郡大部郷に、平（中）太郎なにがしといふ庶民あり、聖人の御訓を信じて、専弐なかりき、而、或時件の平太郎、所務に駈れて熊野に詣（もうず）べしとて、事のよしをたづね申さむために、聖人へまいりたるに、被仰云、……本地の誓願を信じて、偏に念仏をことゝせむ輩、公務にもしたがひ、領主にも駈仕（かけつかえ）て、其霊地をふみ、その社廟に詣ぜんこと、更に自心の発起するところにあらず、……と云々。これによりて平太郎熊野に参詣す……。

この記事によれば、中太郎は領家・地頭・名主の土地を耕作している農民のひとりであったことが知られる。農民であるからには、年貢や小作料を納めるほかに、雑税や労働夫役の義務を負わされていた。主人が熊野参詣に行く場合、荷物運びなどの夫役を命ぜられるわけである。中太郎もお伴を命ぜられたのである。しかし、純粋な念仏の信者中太郎は、主人の命令であっても神社を訪れることに疑問を感じ、親鸞に指示を仰いだのである。親鸞は、公務のため、領主の命令であるならさしつかえない旨を返答している。

中太郎入道は常陸国の一介の農民であった。この中太郎でさえ、九十人余りの念仏者を入信させ、その信仰上のお世話をしていたのである。中太郎でさえ九十人、ましてその他の有力門弟において二百人、三百人をこえる念仏者を組織していたと考えてもよかろう。一歩譲って、念仏の布教に専心する坊主的な念仏者が平均的に組織した人びとの数を百人としてみよう。そうするとここでもう一度計算ができる。先に述べた二十年間の親鸞の直弟子・孫弟子は少なく見積っても千人であった。この千人に百を乗じてみると十万という念仏者の数がでてくる。これが関東における親鸞の念仏布教の成果のあらましであろう。

関東における念仏のひろがりが、このようにすすんだのは、自信教人信を報恩と自覚した親鸞および数々の小親鸞たちの努力の結果であったことはいうまでもない。しかし、関東の念仏の布教者たちが、驚くべき熱意を示したのは、報恩という宗教的使命感のゆえだけではなさそうだ。その使命感に加えるに、布教の結果から生まれる利得も加わっていたことを忘れてはならない。布教者たちは、自分が信心を取りついだ念仏者を、自分が救ったという意味でのわが弟子という観念でとらえていた。そこに、わが弟子ひとの弟子の争いが、布教者相互のあいだで苛烈に展開され、親鸞をして、自分は弟子ひとりも持たずといわしめるのであった。布教者たちは、念仏者たちを同朋・同行と見ず、つまり弥陀の前でも平等と考えずに、布教者が人びとを救ったという考えをもつものも少なくなかった。しかも、一人ひとりの念仏者からは、能力に応じた金・品が志（こころざし）として布教者のもとに寄せられるのである。念仏者の志が布教者・坊主の生活を支える重要な部分となればなるほど、一人ひとりの念仏者は坊主から財産視されてゆくのである。布教者は、自分の財産を増やすといった精神にも支えられて、布教活動に精を出していった。

以上のようにして数を増した念仏者たる農民を中心とした庶民が、心には弥陀の本願を信じ、同朋・同行としての連帯感をもって結ばれたのである。関東の村々には坊主を核とした宗教共同体の組織が無数に誕生し、その組織の頂点に、親鸞が精神的に存在した。関東における念仏が農民の心をとらえた時、またまた政治権力による信仰の弾圧という事態を生んだ。

念仏の弾圧

親鸞の念仏のひろがりがある段階に達した時、必ずといってよいほどに政治権力や旧い仏教からの妨害と弾圧が加えられたことは、京都や越後だけの特異な現象ではなかった。ここ関東においても念仏の発展は政治権力からの妨害と禁止を生んだ。その理由については、越後の場合に若干ふれた通りである。村々で念仏の信者になった人びとの大多数が農民＝百姓であった。いわば領家・地頭・名主に支配される立場の人びとであった。建長七（一二五五）年と推定される九月二日付けの親鸞の手紙では、ことあるごとに事実無根の理由をつくりあげて、念仏者の信仰を妨げ、禁止する人びとは、その村々の領家・地頭・名主であるといっている。そして、領家・地頭・名主が念仏を妨げるということは、親鸞の時代の念仏者だけが体験したことではなく、いつの時代においてもみられる念仏者がうけなければならない宿命とも言うべきものであったという。親鸞は、この世の常として、念仏を禁止する人びとは、その村々の支配者であるが、それを批難すべきではないという。村々の支配者は、念仏を信じ、保護する立場にはなく、むしろ過去・現在・未来を通じて念仏を禁圧する側の人びとであったのである。

親鸞は、また九月二日付けの別の手紙において、念仏する人と弾圧する人びとについて述べている。そこでは、領家・地頭・名主などの支配者は農民にたいして非法を働くことは珍しいことではないが、農民の信仰まで妨害することはできないはずだ。領主が農民にたいして非法を行なうということは、如何ともし難いことで云々すべきことではない。領主は農民にたいして、政治的・経済的な面での非法を行なうことは出来ようが、信仰の面にまで立ちいって「ひがごと」をしたり、「まどわす」ことはできないはずだ。にもかかわらず、支配者は出来ないはずの信仰の妨害を、過去から現在にいたるまで行なってきたのである。親鸞は、このようなことをいっている。

しかし、支配者が農民の信仰弾圧に踏み切るには、直接の口実が必要であった。その口実を提供したのが、念仏者の一部にみられた本願ぼこりの念仏者の言動であった。本願ぼこりが積極的に行なう諸神諸仏の否定、造悪無碍の言動がそれであった。村々の支配者は、なに故に無法ともいわれるほどの弾圧を念仏する農民に加えたのであろうか。その理由として考えられることが、念仏の発展による政治と宗教の世界におこる旧い秩序の否定であった。

関東の農民は念仏の救いに接して、念仏者となるまでは、領家・地頭・名主によって個々バラバラに未組織のまま支配されていた。農民たちは横の組織を抑えられたままで、強烈な支配に甘んじていた。こうした関東の農民が念仏者となることによって、坊主を中心に一つの組織をもつようになった。

念仏者たちは、村々の道場を場として、坊主を軸とし、信心を共にした宗教共同体の一員となったのである。村々の支配者だけが総領を中心とした結合や党的結合をもって、農民を未組織のままにしておくことが、武士の農民支配の原則であった。その原則が念仏の発展によって危機にさらされはじめたのである。当然のことながら、こうした面からも支配者は念仏の発展を放置しておくことはなかった。支配の原則をゆさぶるものは、双葉にして摘み取らなければならなかった。支配者たちは、農民支配において政治的・経済的面で非法を行なうことは可能であったろう。

しかし、信仰の面においては、そのように自由勝手な処置は不可能であった。念仏の発展は、あたえてはならない組織を農民にあたえただけではなかった。当時の精神の世界にも大きな打撃をあたえた。救われるという点で一切の神や仏の価値を認めず、弥陀の本願ただ一つに救いの力を見いだす親鸞の教説は、関東の村々で古代以来、宗教の世界の王座に君臨してきた諸神諸仏を奉ずる僧侶たちに、大きな脅威をあたえずにはおかなかった。農民は念仏者となることによって、新しい精神の支えをあたえられたのである。しかも、念仏は旧い宗教的権威を全面的に否定する。それだけでなく、極楽往生のためには諸神諸仏への祈りは妨げとすらなると説く。ここにはじめて、関東の農民たちは、旧い宗教の権威にたいする屈従感を捨て去ることができるようになったのである。念仏者の前には、天神・地祇も敬服し、魔界・外道も邪魔することができないのだと教えられ、これを信じたからである。念仏者は無碍の一道をあゆむ自信を念仏の救いによってあたえられた。まさに、関東の村々への念仏の発展は、政治と精神の世界における既成の体制に、大きくゆさぶりをかけるという結果を生んだ。しかも、そうした情勢は念仏のひろがりと比例して度を深めていった。

こうなれば力による念仏の弾圧は時間の問題であり、口実待ちといった有様であった。念仏者のすべてではなく、極く一部に、既成の倫理と精神の秩序を否定する行動をとるものが出れば、それで十分であった。支配者が待ち構えていた罠に自ら飛び込んでいったのが、本願ぼこりの念仏者であった。諸神諸仏を否定し、造悪無碍の行動をあえて行なう本願ぼこりにたいして、親鸞は一般論としては弥陀の救いがあることを肯定した。（一四六頁参照）しかし、本願ぼこりの行動が、全念仏者の信仰弾圧の口実につながる時、親鸞は怒りの気持をこめて、本願ぼこりを批難した。たとえば「聖教のをしへをもみず、しらぬ、をの〳〵のやうにおはしますひと〴〵は、往生にさはりなしとばかりいふをきゝて、あしざまに御こゝろえあること、おほくさふらひき。いまもさこそさふらはめとおぼえさふらふ。……もとは無明のさけにえひふして、貪欲・瞋恚・愚癡の三毒をのみ、このみめしあふてさふらひつるに、仏の御ちかひをきゝはじめしより、無明のえひもやう〳〵すこしづゝさめ、三毒をもすこしづゝこのまずして、阿弥陀仏のくすりをつねにこのみめす身となりておはしましあふてさふらふぞかし。しかるに、なをえひもさめやらぬに、かさねてえひをすゝめ、毒もきえやらぬに、なお毒をすゝめられさふらふらんこそ、あさましくさふらへ。煩悩具足の身なればとて、こゝろにまかせて、身にも、すまじきことをもゆるし、くちにも、いふまじきことをゆるし、こゝろにも、おもふまじきことをもゆるして、いかにも、こゝろのまゝにてあるべしとまふしあふてさふらふらんこそ、かへすぐ〳〵不便におぼえさふらへ」（建長四年八月十九日親鸞消息）と親鸞は本願ぼこりの言動を批判している。

また年月日未詳の九月二日付け念仏の人びとあての手紙でも「念仏せさせ給人〳〵の事、弥陀の御ちかひは、煩悩具足の人のためなりと信ぜられ候は、めでたきやうなり。たゞし、わるきもの、ためなりとて、ことさらに僻事をこゝろにもおもひ、身にも口にもまふすべしとは、浄土宗にまふすことならねば、人々にもかたる事候はず。おほかたは、煩悩具足の身にて、こゝろおもとゞめがたく候ながら、往生をうたがはずせんと、おぼしめすべしとこそ、師も善知識もまふす事にて候に、かゝるわるき身なれば、僻事をことさらにこのみて、念仏の人々のさわりとなり、師のためにも、善知識のためにも、とがとなさせ給べしと申事は、ゆめ〳〵なき事也。弥陀の御ちかひにまうあひがたくしてあひまいらせて、仏恩を報じまいらせむとこそおぼしめすべきに、念仏をとゞめらるゝ事にさたしなされて候覧こそ、返々こゝろえず候。あさましき事に候。人々のひがざまに御こゝろえどもの候ゆへに、あるべくもなき事どもきこえ候。申ばかりなく候。たゞし、念仏のひと、ひがごとをまふしさふらはゞ、その身ひとりこそ、地獄にもをち、天魔ともなりさふらはめ。よろづの念仏者のとがになるべしとはおぼえずさふらふ」と親鸞は、本願ぼこりのために念仏が禁止されるのだ、かれらは地獄にもおちよ、天魔ともなれ、と怒りをぶちまけている。そして、本願ぼこりの行動の責任を全念仏者が背負って罰せられるとは思えないといっている。

さらに、親鸞は本願ぼこりの念仏者を「獅子の身中の虫の獅子をくらふがごとしとさふらへば、念仏者をば仏法者のやぶりさまたげさふらふなり」（九月二日付慈信坊宛親鸞消息）といい、本願ぼこりの念仏者を獅子身中の虫にたとえ、念仏を妨げるものは、ほかならぬ本願ぼこりの人びとであると、厳しくいましめている。いっぽう親鸞は、全念仏者にたいして、念仏を妨害、禁止する領家・地頭・名主を憎くんではならないという。さらにあの人たちは気の毒な人たちであるから、念仏者の余った念仏を領家・地頭・名主のために捧げてやれ、支配者が念仏を弾圧するということは釈迦・善導以来の予言にもあるように、理由のあることなのだ、あえて、驚くにはおよばない。親鸞は、このような対政治権力、対社会の態度をとることを念仏者たちに勧めている。

しかし、本願ぼこりの言動は年を追って激しくなり、それに比例して領家・地頭・名主の村々における全念仏者の弾圧も激化の一路をたどっていった。政治権力の手は、やがて関東の全念仏者の核ともなっていた親鸞の身に迫まって行った。それは親鸞が関東に身を移し、自信教人信を報恩と感じての念仏布教の年月が、二十年におよぼうとしたころであった。

縁つきた地関東を去る

念仏の発展と弾圧は関東の村々だけに起ったことでないことはいうまでもない。親鸞自身、京都で、越後で、すでに体験ずみであった。親鸞が京都を追われたのちの京都でも、念仏禁止は止むことがなかった。親鸞が関東に移って十年目、五十二歳元仁元（一二二四）年五月十七日には、またまた比叡山延暦寺の衆徒は、京都における念仏者の追放を朝廷に迫った。その結果、八月五日には今はなき法然門下の念仏者にたいして念仏の禁令が発せられた。法然門下の指導者と目されていた隆寛・成覚（じょうかく）・空阿弥陀仏の三人は流罪ときまり、その他の有力念仏者四十余人も、あわせて京の都から追われることにきまった。しかし、朝廷はなかなか刑の執行にふみ切らなかった。煮え切らぬ朝廷の態度に業（ごう）をにやした山門の衆徒は、再三にわたって朝廷に圧力をかけた。いっぽう、山門の衆徒は法然の墓をあばくという暴挙にでた。そうした山門の圧力は効を奏し、嘉禄三（一二二七）年七月六日、隆寛・成覚・空阿弥陀仏は流罪に処せられた。そして、四十余人の念仏者が逮捕された。

元仁元年五月十七日に山門衆徒によって投ぜられた念仏禁止の波紋は、三年後に実を結んだわけである。しかし、それで、京都における念仏禁止に終止符が打たれたわけではない。その後においても、起伏をもちながら、念仏の弾圧はつづき、文暦元（一二三四）年七月の弾圧となって再燃した。文暦元年七月には、京都の念仏者の追放と念仏の禁止が、またまた断行された。しかも、文暦元年の念仏者狩りは、全国的スケールで実行に移されようとした。文暦元年といえば、元仁元年から十年目、親鸞が関東に移ってから二十年目である。関東における念仏の問題も、村々を単位とした領家・地頭・名主の念仏弾圧の段階から、鎌倉幕府の手に移ろうしていた時期である。

文暦二年も七月になると、鎌倉幕府は、京都の念仏禁止の動きに呼応するかの如く、鎌倉市中の念仏者も不逞の輩と称して、念仏者狩りをはじめた。そして、念仏禁止の再度の宣下（せんげ）を六波羅探題をつうじて朝廷に求めた。本願ぼこりの念仏者の反社会的言動を口実に、関東の村々の念仏の息の根を止めようとする領家・地頭・名主たちは、鎌倉幕府の念仏にたいするそのような姿勢に勇気づけられて、農民の念仏禁止と妨害をより一層激化させた。いままでは、村々を単位に行なわれてきた念仏弾圧の小波が、文暦元年の後半から文暦二年にかけて、大波となって念仏者におそいかかってきたのである。領家・地頭・名主の非合法な念仏者狩りは、鎌倉幕府の支えをえて、なかば合法性をもちはじめた。この時こそ、領家・地頭・名主は、かれらの農民支配の原則と既成の価値観を否定する念仏のひろがりを、鎌倉幕府の法令を楯として、真正面切って禁圧できる立場にたったのである。その弾圧の鋒先が、全関東の念仏者の心のよりどころである親鸞にむけられていった。

このような情勢のなかで、親鸞がなおも関東にとどまって念仏の布教をつづけてゆく限り、親鸞がかつて三十五歳の時に京都で体験した流罪の処置が、親鸞の身におよぶのは必至であった。流人の生活が親鸞の念仏布教という使命の達成にとって、如何にマイナスであり、苦悩に満ちたものであるかについては、すでに越後において経験したところである。それ故にこそ、親鸞は罪を解かれて後の三年余りの越後における念仏布教の成果をあとにして関東に去ったのである。親鸞が、これ以上、関東で布教をすすめるためには、親鸞自身の信仰の立場を後退させ、領家・地頭・名主の要求にかなった信仰態度を、親鸞みずからもとり、人びとにも勧めなければならなかった。

二十九歳以後、守りつづけてきた念仏信仰の姿勢を貫ぬこうとする限り、親鸞にとって関東の地は、念仏の縁つきた地となった。村々の念仏者は、期待される念仏者の生活を守る限り、身のおきどころのないほどに弾圧が強化された。

事ここに至っての親鸞のとるべき道は、関東を念仏の縁つきた地として去る以外になかった。政治権力の手によって関東を追放される前に、親鸞はみずから二十年間住みなれた関東を去って、生れ故郷の京都に居を移す決意をした。その時期は文暦二（一二三五）年の七月以後からその年の暮れごろまでであった。時に親鸞は六十三歳であった。親鸞をして、ここまで追いつめた文暦二年の念仏禁止を考えた時、親鸞は、その発端が十年前の元仁元年の山門衆徒の念仏禁止の訴えにつながることを憎まずにはいられなかった。関東を去ろうとする親鸞は、末法という時代がどのような時期であるかもしらず、末法の世の唯一つの救いである念仏を禁圧する政治権力と旧い仏教にたいして、やり場のない憤りを覚えた。親鸞は、それまでとりつづけてきた念仏の信仰と布教という行動の正しさを、自分自身で再確認するために、親鸞の心の友であり、杖でもあった『教行信証』のなかに、政治権力にたいする怒りの言葉を書き入れている。しかも、その記入の個所は『教行信証』の化身土巻の念仏の教えが末法の世の最適の教えであり、いまこそ末法の世であることをのべた最澄の『末法燈明記』の全文が引用してある直前の場所である。そこにはつぎのような言葉が記されている。

> シカレバ、穢悪濁世ノ群生、末代ノ旨際ヲシラズ、僧尼ノ威儀ヲソシル。今ノ時ノ道俗己レガ分ヲ思量セヨ。三時教ヲ按ズレバ、如来般涅槃ノ時代ヲ勘フルニ、周ノ第五ノ主穆王五十一年壬

申ニ当レリ。其の壬申ヨリ、我ガ元仁元年甲申ニイタルマデ、二千一百八十三歳ナリ。又賢劫経、仁王経、涅槃等ノ説ニヨルニ、已ニモテ、末法ニイリテ六百八十三歳ナリ。

この言葉の意味を記してみよう。しかれば以上の経説によって考えてみても、この世のすべての人びとは、皆、末法という時代の濁浪に汚されているから、ひとしく煩悩にくるわされ、悪業にとらえられている人びとである。かれらはこの末法のいわれの何たるかを知らないために、やれ僧侶・比丘尼の威儀が乱れたとか、やれ修行がゆきとどかぬといってそしるのである。これは旧い仏教の僧侶も、時の権力の座にある人も、たがいに他人をそしることをやめて、かれら自身はおのれの分限を考えるべきである。いま正像末三時の教法をしらべ、釈尊入滅の時代を考えてみるに、周の第五世の主穆王の治世五十一年壬申の年に当っている。その壬申の年から、わが元仁元（一二二四）年甲申の年にいたるまで二一八三歳である。また、賢劫経・仁王経・涅槃経などの正法五百年説によれば、当年は末法にはいってから六八三歳である。

親鸞は念仏者を、身のおきどころのないまでに弾圧する政治権力と旧い仏教者の無定見さを激しく批判し、この元仁元（一二二四）年こそ末法に入って六八三年目ではないかという。末法に入って六八三年といえば、念仏以外に救いのない情勢が深化した時期である。にもかかわらず、念仏を禁止し、親鸞をして関東を去ることを余儀なくさせている現在の聖俗の権力に限りない怒りの念がわくのも無理からぬことであろう。文暦元（一二三四）年、間もなく関東を去る時が迫っている時、親鸞の心には事態をここまで追い込んだ原因としての元仁元年の山門の衆徒の訴えが思い出されたのである。だからこそ、「我が元仁元年」という年と末法に入ってから後の年代との関係を比べ、元仁元（一二二四）年＝釈尊入滅後二一八三年と再確認したのである。これは正像あわせて二千年後に末法に入るという説によったものである。したがって、元仁元年は末法後一八三年目であるというのである。また『賢劫経』などの説によれば末法に入って六八三年目であり、いずれの説をとっても、末法の世に入っていることを証明しているのである。

親鸞は、ここで大変な計算違いをしている。元仁元年は釈尊入滅後二一七三年目であり、賢劫経などの説によると元仁元年は末法に入って六七三年目である。それぞれ十年ずつ間違えている。親鸞が元仁元年相当の仏滅後の年として記した二一八三年と末法後六八三年は、実は文暦元年に相当する年である。関東を去るところまで追いつめられた親鸞の心には、元仁元年と文暦元年の二つにして、一つともいえる意味をもつ年号が同時に浮んだのである。それ故にこそ、年号を元仁元年としながら、釈尊入滅後と末法後の年代を文暦元年相当の年代を書いてしまったのである。

このようななかに文暦元年も暮れて文暦二年を迎えた。その年の末ごろまで親鸞は耐えしのんだが、ついに関東を去って京都に帰えることとなった。ここで疑問を感ずることは、京都という地は念仏布教という点では、極めて難しいところであるということである。京都の周辺は、旧い仏教の大寺院でうずまっている。親鸞は、かつてこの地を念仏の縁つきた地として、政治権力と旧い仏教の手で追われたのである。親鸞としても、京都の地が念仏布教が自由にできない地であることくらいは知っていたはずである。親鸞は京都で念仏布教を直接に行なうために帰洛したのではない。親鸞は関東を直接的な口から耳への念仏布教の縁つきた地と考えたのである。関東の念仏者を永久に捨て去ろうとしたのではない。親鸞にとって、関東の念仏者は生涯を通じて護って行かねばならない人びとであった。親鸞の帰洛は、関東の人びとの念仏布教を直接布教から間接布教、つまり手紙と著作をつうじての布教に切りかえさせたにすぎなかった。

そのような立場に立ったのであれば、京都こそ親鸞にとって、残った生涯を「自信教人信」のために捧げるに最適の地であった。京都には親鸞の兄弟もいる、生活に困まれば援助も期待できたであろう。著述にもなにかと便利であった。ただ、京都で活発な念仏布教さえしなければ、朝廷も旧い仏教も、再度親鸞を京都から追うこともあるまい。

親鸞は恵信尼とのあいだに関東で生まれた、益方・小黒女房・高野禅尼・覚信尼、それに越後で生まれた信蓮坊をつれて関東を去った。信蓮坊はすでに二十四歳になっていた。親鸞は京都への道を、東海道にとった。なお、関東を念仏の直接布教の縁つきた地と考えたのは親鸞ひとりであったろうか。親鸞の心を正しくうけ止めた門弟のなかには、親鸞と同様に関東を去ろうとした人びともあったであろう。そのような門弟のなかには、親鸞一家と共に関東を去った人たちもいたことであろう。そして、そのような門弟たちは、東海道のあちらこちらに留まって、念仏の種を蒔き、育てていったことであろう。三河国・尾張国の念仏なども、そのような人びとによって植えつけられたとも考えられる。

親鸞の一行は、数多くの門弟や念仏者の見送りをうけながら京都に帰えっていった。そして、その後の親鸞の京都での生活は二十七年もつづくのである。その間、親鸞は関東の念仏者の信心を護るべく懸命な努力をつづけるのである。

Ⅶ　再び京都の親鸞

京都の生活

六十三歳の親鸞、五十四歳の恵信尼、それに数々の子供からなる京都の親鸞一家の生活がはじまった。これに親鸞の長子慈信坊善鸞一家が加わった。善鸞が、親鸞の三十二、三歳ごろ、最初の妻とのあいだに生まれた子とすれば、すでに三十歳をこえているはずである。親鸞は、ほんとうに久しぶりに善鸞と親子の対面をしたことであろう。善鸞としても、三十年ぶりで噂でしか知らなかった父にあえたのである。当分の間は、珍しさも加わって、なごやかな家庭生活がつづけられたことであろう。

親鸞が、京都で念仏の布教をしないのであれば、親鸞一家の生計を支える収入はどうしたのであろうか。親鸞の生活を支えたもの、それは関東の念仏者たちから送られてくる志（こころざし）の銭であった。関東の念仏者たちは、京都の親鸞に銭を届けるついでに、いつも信仰に関する質問をしたり、関東の念仏者の信心の有様について報告していた。親鸞が関東の念仏者に書き送った手紙には、しばしば志の銭のお礼の言葉が記されている。

十二月二十六日付けの関東の教忍坊あての親鸞の手紙には「護念坊のたよりに、教忍御坊より銭二百文御こゝろざしのものたまはりてさふらふ。さきに念仏のすゝめのもの、かたがたの御なかよりとて、たしかにたまはりてさふらひき、ひと〴〵によろこびまふさせたまふべくさふらふ」と見えている。親鸞は、護念坊が教忍坊の依頼をうけて届けた志の銭二百文のお礼をいっている。この二百文は教忍坊個人からのものであろうが、その前に念仏者一同からの銭も確かにいただきましたから、親鸞が嬉しく思っているとお礼をいってくれと記している。また、親鸞は「方々よりの御こゝろざしのものども、かずのまゝにたしかにたまはりさふらふ。……かた〴〵の御こゝろざし、まふしつくしがたくさふらふ」（建長四年二月二十四日親鸞消息）といっている。ここでも、皆様からの志のものをお手紙に書いてある額の通り確にいただきました、皆様のお気持、言葉でいいつくせないほどですと感謝している。十一月二十五日付けの親鸞の手紙にも「銭弐拾貫文慥に給候」と記されている。また、高田の入道あての手紙には「人々の御こゝろざし、たしかに〳〵たまはりて候」とあり、慈信坊善鸞あての十一月九日付けの手紙にも「さては御こゝろざしの銭、五貫文、十一月九日、給（たまわ）って候」と記されている。

親鸞一家の生活は、関東の念仏者の人びとから集められた銭によって、まかなわれていたのである。それにしても、京都における親鸞一家の生活は決して豊かなものではなかった。このような京都の親鸞の心を悩ましたのが、親鸞の去った後の関東の念仏者たちの信心の有様であった。関東からの便りの大部分が、関東における信心の在り方についての疑問とその解答を求める内容のものであった。親鸞が在住していた時もそうであったが、親鸞の去った関東でも、念仏の信仰をめぐる思想上の争いが熾烈さを加えていたのである。親鸞の教えた念仏の救いは、悪人正機なのだ、いや善人正機なのだ、一念往生こそ正しいのだ、いや多念こそ親鸞の教えた念仏の救いなのだ、といった争いが親鸞のいない関東の念仏者の信仰をゆさぶっていた。そのほか、念仏の救いは自力だ、他力だ、有念だ無念だ、悪を思うだけ行なうのが弥陀の心にかなうのだ、諸神諸仏を否定するのが正しい念仏者の姿なのだ、賢善精進こそ理想の念仏者の姿勢なのだ。まさに、親鸞の教えた念仏をめぐって、正統と異端が渦巻いていたのが、親鸞の去った後の関東であった。親鸞が関東に住んでいてさえ、さまざまな異端が生まれたのである。まして親鸞のいない関東の念仏者の間に起った正統と異端の争いの熾烈さは、想像を絶するものがあったろう。

親鸞によせられる信仰上の質問にたいして、親鸞は一つ一つ懇切な解答を書きあたえてやった。しかも、親鸞は自筆で解答を書きあたえた。念仏者たちにとって、代筆は意味がなく、親鸞の自筆の手紙こそ、親鸞の正しい考えとうけとられたからである。親鸞が病気で、自ら筆をとれない時は、側につかえる者が代筆するが、最も重要な部分は、親鸞が病をおして自筆で加筆するのが常であった。親鸞は手紙のなかで、自分は力の限りをつくして、文を沢山書いたと記している。口から耳への直接布教を、筆による間接布教に切り換えた親鸞としては当然であろう。親鸞が手紙とならんで、布教のために、念仏者の信心を護るために、数々の著作をおこなったのも、京都の生活のなかであった。親鸞の著作のなかで、『教行信証』を除いて、布教のための著作のすべてが晩年の京都の生活のなかで行なわれている。そこに生まれたものが、『浄土和讃』・『高僧和讃』・『唯信鈔文意』・『尊号真像銘文』・『浄土三経往生文類』・『愚禿鈔』・『皇太子聖徳奉讃』・『入出二門偈』・『四十八誓願』・『念仏者疑問』・『往相廻向還相廻向文類』・『一念多念文意』・『大日本国粟散王聖徳太子奉讃』・『正像末和讃』・『如来二種廻向文』・『弥陀如来名号徳』などである。このほか、『唯信鈔』・『後世物語』・『自力他力の文』などを、親鸞は書き写して関東の念仏者に送っている。

いっぽう親鸞の長子慈信坊善鸞は、父親鸞の許にあって念仏について懸命に学んだ。親鸞一家の京都での生活は、活気にあふれたものであったが、そのようななかにも一つの問題がおこった。それが、恵信尼と善鸞のなさぬ仲、つまり継母と継子の冷い対立の表面化であった。親鸞といえども、こうした感情のもつれには苦しまされた。恵信尼と善鸞の感情の対立が和解を許さぬまでに深まった時期が、いつごろかは明らかでない。親鸞一家の帰洛後、十五年か二十年を経ったころとも考えられる。そうした段階で恵信尼は、彼女の生れ故郷である越後に帰った。恵信尼は親鸞を京都に残して、信蓮房・益方・小黒女房の三人と共に実家に帰った。越後の恵信尼の生活は、実家から下人七、八人も分けてもらうといった物質的には不自由のない暮しであった。恵信尼の実家が越後の土豪であったことを思い出していただきたい。

また、善鸞も京都をはなれて関東に居を移すこととなった。恵信尼・善鸞のいずれが先に京都を去ったかは、さだかではないが、両者は大体同じころ京都を去ったと考えてよかろう。では、善鸞は、どのような目的で関東に移ったのであろうか。

善鸞を迎えた関東の念仏

京都の親鸞に報告されてきた関東の念仏の実情については、善鸞も十分に知っていた。親鸞の去った関東は、親鸞の在関中にもまして、さまざまな念仏の理解の相違が対立を激化させていた。そうした対立は、親鸞という裁決者を欠いたまま度を深めていった。関東の地では、自力他力、一念多念、有念無念、善人悪人、数えてゆけば念仏の救いをめぐる無数ともいえる解釈の相違が、正統と異端をめぐって論争をよんでいた。それに加えて、親鸞の直弟子を中心とする念仏者集団と親鸞と接したことのない坊主を中心とする念仏者集団の対立も激化していた。

善鸞は、そのような関東の念仏事情のなかに身を投じたのである。善鸞の関東下向についての史料は少ないが、その一、二をあげてみよう。のちの本願寺の創建者覚如の子従覚は、その著『慕帰絵』のなかで、「慈信坊善鸞を親鸞の使いとして関東につかわし、いろいろの方便を用いて、関東の異端を正そうとした」という意味のことを記している。また、覚如の高弟乗専は『最須敬重絵詞』のなかで、「善鸞は親鸞の御使いとして関東に下向し、浄土の教えをひろめ、辺境の地の布教者となった」といっている。どうやら、善鸞は、親鸞が去ったあとの関東の念仏者の間に激化した信仰の混乱と対立の解決を目的に関東に下ったようである。

善鸞は、親鸞の代理としての資格を一応そなえている人物である。というのは、善鸞は親鸞の子息であり、帰洛後の親鸞と京都で生活を共にし、親鸞の教えを最も身近かで、しかも、じっくりと聞くことのできた人である。しかし、そのような善鸞にしても、関東の念仏者たちの対立を解決するには、関東の念仏者の対立は余りに複雑すぎた。いつとはなしに善鸞は、関東における正しい念仏者、いうなれば親鸞の直弟子たちと厳しい対立を生むようになった。善鸞は、親鸞と一面識もない、いわば新興坊主や賢善精進をことととする自力の念仏者側の中心者に祭りあげられた。新興坊主たちにしてみれば、関東の村々の念仏者をひきつける最大の条件である親鸞の直弟子という資格をもっていなかった。それ故に、親鸞の教えを正しくうけ継いでいる物的証拠ともいえる親鸞自筆の手紙を持つ術（すべ）もなかった。そうした新興坊主たちは、偽わって親鸞の直弟子と称し、親鸞から自筆の手紙をもらったと虚言をついて、人びとをひきつけていたのである。そうした新興坊主たちが、善鸞を迎え、しかも彼らの陣営の首領に祭りあげたことは大成功であった。善鸞を味方にした異端の念仏者たちは、正統の念仏者に総攻撃をかけはじめた。その総攻撃の先頭にたったのが善鸞であり、かれは関東の正しい念仏者が永年信じてきた念仏を根底から否定するような発言をおこなった。

善鸞は、関東の念仏者たちに、領家・地頭・名主と結んで念仏をひろめよと説いた。それは、親鸞が夢にもあってはならないと禁じた立場である。親鸞からみれば、支配者とむすんでの念仏の布教を説く善鸞の立場は、すでに「弥陀の本願をすてた」ものであり、「第十八の本願をすて去った」ものであった。事実、善鸞は弥陀の第十八の本願などは萎んだ花にも等しいものであるといって、人びとにみな捨てよと教えた。善鸞は、父親鸞が生涯をかけて、みずから信じ、これを人に教えて信じさせてきた弥陀の本願を根底から否定し、なんの役にもたたぬものと言ってのけたのである。善鸞は、自分の説く念仏の救いこそ、親鸞のほんとうの気持であり、長年のあいだ関東の人びとが信じてきた念仏は、皆いつわりであると説いた。善鸞ほどの条件をそなえた人が、そのように説くのであれば、関東の念仏者の信心が動揺するのも無理からぬことであった。

善鸞は京都にあって親鸞が「善鸞一人だけにほんとうの教えを教えた」とか、親鸞が「よるとなく、ひるとなく、善鸞一人にだけ、他人にかくして真実の法門を教えたのだ」と関東の念仏者に言いまわった。そのような教えは、親鸞にいわせれば「名を聞いたこともなく、まったく覚えのないこと」であった。弥陀の本願を萎んだ花に等しいなどとは、親鸞は言ったこともなかった。

ゆらぐ信心

信心の動揺は関東の各地ではじまった。常陸国奥郡では、善鸞の言にまどわされて、念仏者たちは親鸞の教えをすて去った。前にもふれたが、奥郡の大部の中太郎入道のもとの念仏者たちは、善鸞が「自分の教えこそ真実であり、いままでの念仏はすべてにせものである」というのを信じてしまって、九十何人かが中太郎入道を捨てて、善鸞のもとへ走ってしまった。奥郡をはじめとする常陸国をゆさぶった異端は、さらに下野国をはじめ全関東に波及していった。しかし、親鸞の直弟子たちは、善鸞の異端の嵐に飜（ほん）ろうされながらも孤塁を守りつづけた。真仏・性信・真浄・法信・入信などの有力門弟もそうした人たちであった。関東における善鸞旋風の被害情況は、ちくいち京都の親鸞のもとへ報告された。しかし、親鸞はそれを信じようとしなかった。親鸞は、わが子善鸞を心から信じ切っていた。親鸞としては、善鸞が関東における念仏信仰のひずみを直してくれるとばかり思い込んでいたからである。親鸞としては、直弟子たちの信心の動揺が、むしろ理解できなかった。というのは、善鸞は関東の念仏の動揺と比例して高まる領家・地頭・名主からの念仏弾圧を、親鸞の直弟子たちの言動のゆえと親鸞に報告し、これを親鸞が信じ込まされていたからである。善鸞としては、関東の念仏を善鸞的なものに完全に切り換えるまでは、関東における信心の動揺の真相を、父親鸞に知られてはならなかったのである。そのため、善鸞は、直弟子たちと親鸞との間を引き離すためにあらゆる手を打った。直弟子たちこそ異端の徒であり、領家・地頭・名主に念仏禁止の口実をあたえる本願ぼこり的言動をろうしているのだ、と親鸞を信じ込ませてしまったのである。善鸞は、自分自身の行動をひた隠しにし、すべてを直弟子の責任として親鸞に報告していた。有力な直弟子である信願・入信・真浄・法信・真仏・性信などは、信心を動揺させた元凶と、完全に親鸞は思い込まされてしまったのである。

そのため、親鸞は善鸞の報告をそのまま信じこみ、信願・入信・真浄・法信・性信の変り果てた信心の姿を歎いている。そうした事情を、親鸞は九月二日付けの慈信坊善鸞あての手紙（一五一頁参照）

で切々と述べている。まず信願坊については「信願坊のいうことは、かえすがえすも気の毒なことである。われわれは煩悩具足の悪人であるからといって、殊更に間違ったことを好んで、師のため、善知識のためにも悪いことを行ない、念仏者のために罪となるということを自覚しないならば、仏恩を知らないことなのだ、よくよく処置していただきたい」と親鸞はいっている。それにしても、あの真面目な信願坊の信心の変りようにたいして親鸞は「信願坊がいうには、煩悩具足の凡夫の常であるから、悪いことこそ人間の本質であるからといって、思ってはならないことを思い、口にいってはいけないことを言うべきだと申すことは、あの信願坊の言葉とは思われない」と信願坊の言動に納得ゆかぬ様子である。善鸞がつくりあげた虚構であってみれば、親鸞が首をかしげるのも無理からぬことである。

また、親鸞は「入信坊・真浄坊・法信坊などにも、この手紙を読んで聞かせてやってくれ。かれらが本願ぼこりになったなど、かえすがえすも気の毒なことである」といっている。そして、性信については「性信坊には、この春上京した時に、よくよく申しておいたのに」と直弟子たちの行動が信じ切れないといった気持を、善鸞に書き送っている。そして、踵を接してくる関東の念仏事情と領家・地頭・名主による念仏の弾圧について、親鸞はつぎのような指示を建長七年と推定される九月二日付けの「念仏の人びと」にあてた手紙で書き送っている。

まず、よろずの仏・菩薩を軽視し、よろずの神祇・冥道（みょうどう）、つまり閻魔王たちを侮り無視するということは、ゆめゆめあってはならないことです。世々生々に無量無辺の諸仏・菩薩のご利益によって、われわれ煩悩具足の凡夫は、よろずの善を修行したけれども、そうした自力では、迷いの世界から離れることが出来ないがゆえに、長い間、諸仏・菩薩の御すすめによって、なかなかめぐり会うことのできない弥陀の御誓いにめぐりあうことができた御恩をも自覚せず、よろずの仏・菩薩を粗末にすることは、それら諸仏・菩薩の御恩を自覚しないことでございましょう。仏法を深く信ずる人をば、天地におわしますよろずの神は、影の形にそうようにして、常にお護りになって下さるのですから、念仏を信じている身にて、天地の神を捨て申そうなどと思うことは、ゆめゆめあってはならないことです。神祇などでさえなお捨てることはできません。如何にいわんや、よろずの仏・菩薩をいいかげんにし、軽視してよいものでありましょうか。よろずの仏を軽侮すれば、念仏を信ぜず、弥陀の御名をとなえぬ人でありましょう。要するに、虚事を申し、間違ったことを、事ごとに念仏者にいいがかりをつけ、念仏を禁止しようとする、その村々の領家・地頭・名主、すなわち現地の支配者たちの行為があるということは、よくよく理由のあることです。その理由は、釈迦如来のお言葉に、念仏する人をそしるものをば「眼なし人と名づく」と説き、「耳なし人と名づく」と仰せになっております。また、善導和尚は、「五濁増の時、疑謗するもの多く、道俗相嫌いて聞くことを用いず。修行するもの有るを見ては瞋毒を起し、方便破壊して競いて怨を生ぜん」(法事讃)とはっきりと解釈しておいでになります。この末法の世の常として、念仏を妨害する人は、その村々の領家・地頭・名主であり、理由があることでございましょう。そのようなことは釈迦・善導の予言にもあるように、初めからわかっていることですから、かれこれ言うべきことではありません。むしろ、念仏する人びとは、かの念仏を妨害する領家・地頭・名主たちを、憐れみをなし、かわいそうに思って、念仏をねんごろに申して、かの念仏を妨害する人びとを救けるようにすべきであると、先輩の人びとは申しております。よくよくご推察下さい。つぎに念仏申す人びとのことですが、弥陀の御誓いは煩悩具足の凡夫のためであるからとお信じになっているのは、結構なことでございます。ただし、煩悩具足の悪人のために弥陀の誓願があるのだといって、殊更に間違ったことを心にも思い、行動にも、口にも出すべきであるとは、浄土の教えでは申しませんので、私は人びとに語ったことはありません。大体において、煩悩具足の身であるため、悪心をもとどめることが出来ないけれども、浄土往生を疑うことなく遂げようと、お思いになるべきだと、師も善知識も申しています。それにもかかわらず、このような煩悩具足の悪人であるから、間違ったことを殊更に好んで、他の念仏者たちの障害になり、師のためにも、善知識のためにも、他からの批難をうけるようなことをするのは、ゆめゆめあってはならないことです。弥陀の御誓いに、なかなかめぐり会えないところを幸いにもめぐり会えて、その結果救われたのであるから、阿弥陀仏の仏恩を報じようとこそ思うべきであるのに、その反対に念仏禁止の原因をつくるようなことを行なっておいでになることは、返えすがえす理解に苦しむところです。あきれたことでございます。人びとが間違った考えなどがありますゆえに、思いもよらないこと、つまり念仏者は諸神・諸仏・菩薩を軽侮せよとか、弥陀の本題は煩悩具足の悪人のためのものであるから、悪は思うままに行なえといった、諸神・諸仏の否定、造悪無碍（ぞうあくむげ）の噂さが聞えて参りました。何とも申しようもありません。しかし、念仏者たちが間違ったことを申したならば、その人ひとりだけ地獄にもおち、悪魔にもなることでしょう。すべての念仏者の罪になるとは思われません。よくよく取り計らっていただきたいものです。なおなお念仏なさる人びとは、よくよくこの手紙をお読みになって理解していただきたいものです。

九月二日　　　　親鸞

念仏の人々御中へ

（『御消息集』）

親鸞は、領家・地頭・名主による念仏禁止を、いちおう理由のあるものとして肯定しているが、弾圧者の行動を全面的に認めていたわけではない。弾圧されて然るべき念仏者は本願ぼこりの念仏者だけであった。本願ぼこりは、その人だけ地獄にもおち、天魔にもなれというのが親鸞の考え方であった。それにもかかわらず、念仏者の一部である本願ぼこりを口実に、全念仏者の信仰を禁止することは道理にかなったことではないといっている。そして、正しい念仏者に、領家・地頭・名主のために余った念仏を捧げるという護国的態度をとらせることによって、建長七年九月ごろの念仏禁止の波をくぐりぬけることができると、親鸞は考えていたのである。事実、九月二日付けの手紙を書いた一ヵ月後の十月三日には、親鸞は常陸国の笠間の念仏者たちにたいして「諸仏の教えをそしってはならない。念仏以外の善根を行なう人びとをそしってはいけない。また、念仏を弾圧する人びとを憎みそしってはならない。むしろ、彼らに憐れみをかけ、かれらの行動を悲しんでやるべきだと、かつて法然上人がおっしゃった」とさとしている。

このような間にも、親鸞は関東における念仏の動揺と弾圧の裏で誰が画策をめぐらしているかに気付きはじめた。そして、善鸞こそ念仏を殺す獅子身中の虫ではないかと思いはじめたのである。

明るみにでた関東の真相

親鸞は、建長七年九月二十七日の善鸞からの手紙にたいして、十一月九日付けで善鸞にあててつぎのような返書を書きおくっている。

九月二十七日のお手紙詳しく拝見致しました。さて、御志の銭五貫文、十一月九日に受けとりました。関東の方々は皆、長い間念仏を唱えて参ったことは間違いであったのだといって、あちこちで、人びとがいろいろ申しておることこそ、かえすがえす気の毒なこととして、耳に入っています。『唯信鈔』をはじめ、さまざまの書物など書き写して持っておるのを、皆様はどのようにお読みになっているのでしょうか。かえすがえすも心もとなく存じます。慈信坊が関東に下って、自分が父親鸞から聞いた法文だけが真実であって、今まで関東の人びとの信じてきた念仏はすべて間違いであったのだと言ったので、大部の中太郎のもとの念仏者たちは九十何人とかが、皆慈信坊のところへ行くのだといって、中太郎入道を捨てたとか聞きおよんでおります。どうしたわけで、そのようなことになったのでしょうか。要するに、その方々の信心がいまだ決定（けつじょう）していなかったのだと思われます。どのような理由で、それほど多くの人びとの信心がぐらついたのでしょうか。気の毒に思われます。また、このような噂がありますので、ありもしないデマも多くあるのでしょう。また、親鸞も人に教えを説く時に、えこひいきがあると噂されているということですので、精一杯、『唯信鈔』・『後世物語』・『自力他力』の内容なども、また『二河の譬喩（ひゆ）』なども書いて、方々へ、皆様にお届けしましたのも、皆、今となっては何にもならなかったと思われます。慈信坊、お前は関東の人びとに、どのように念仏を勧めたのでしょうか。想像も出来ないようなことを聞きますことは、気の毒に存じます。その間の事情を詳しくお聞かせ下さい。あなかしこあなかしこ。

十一月九日　　　　親鸞

慈信御坊

真仏坊・性信坊・入信坊、この人びとのことをうかがいました。かえすがえす悲しく思われますけれども、私の力ではどうすることも出来ません。また、真仏・性信等以外の方々も私と同じ信心でないようでありますのも、致し方ありません。皆様が同じ信心でなくなったのですから、今更とやかくいうには及びません。今はひとの信心のことを云々すべきではありません。よくよく自覚して下さい。

慈信御坊　　　　　　　　　　親　鸞

（『御消息集』）

このような手紙を受け取った慈信坊善鸞は、かれ自身の行なっている父親鸞への裏切りの言動が露顕しそうになっていることを知った。関東でおこっている念仏の弾圧と信心の動揺を、直弟子たちの変心の故と父親鸞に思い込ませつづけることの不可能なことを察知したのである。事ここに至っての善鸞は、父親鸞が事の全貌を知る前に、全関東の直弟子の勢力を潰滅させようと考えた。そこでとられた手段が、領家・地頭・名主と結んで、鎌倉幕府にたいして念仏禁止の訴えを起すことであった。善鸞は、鎌倉幕府の命令によって、関東における親鸞の念仏の全面禁止を策したのであった。それが、建長八＝康元元（一二五六）年の念仏者の告訴事件であった。

では、善鸞の念仏者告訴の理由はなんであったろうか。それについては、いろいろに考えられるが、信仰上の問題と世俗上の問題を理由としている。しかも直弟子たちを訴える時、善鸞は父親鸞を利用している。善鸞は、父親鸞が「関東の念仏者を捐ぜよ」といったと、事実無根の言をはいている。つまり、善鸞は、親鸞の命令で関東の念仏者の信仰を破滅させるのだと言っている。善鸞は自分の説く異端の教えを、念仏者たちに親鸞の真意だといつわり、親鸞の直弟子たちを本願ぼこりとして親鸞に信じ込ませたのである。

関東の念仏者が、ここまで追いつめられてくると、直弟子や念仏者のあいだに、しりごみをはじめる者がふえはじめた。念仏者たちは、しだいに固い結束を崩しはじめた。念仏禁止の幕府への訴訟において、念仏者が敗れた時におそいかかる厳しい弾圧を思えば、早手まわしに責任のがれの態度をとりはじめる念仏者がでるのも当然であった。直弟子のなかに、自ら進んで訴えを受けてたとうとする者はほとんどない有様であった。皆が逃げ腰になりはじめた。そうしたなかで、被告として鎌倉の法廷に立ったのが関東の有力直弟子である入信坊であった。全念仏者が一丸となって善鸞と戦うべき重大な時であるのに、事態がここまで進むと、直弟子たちも、心にうしろめたさを感じながらも、横を向いてしまったのである。それどころか、被告席にたった入信や性信の孤軍奮闘をうしろ指をさして笑う者すらでる始末であった。

善鸞の義絶

関東の念仏の信仰が、このような危機にたたされた時、はじめて親鸞は、わが子善鸞の行動の全貌に気が付いた。今が今まで信じ切ってきたわが子善鸞の想像を絶した背信行為に、親鸞はやり場のない憤りを心の底から感じた。そして親鸞は、善鸞にたいして父子の義絶を、ふるえるほどの怒りをこめて通告するのである。それと共に、あの善鸞ごときの者にまどわされて信心を捨て去った関東の念仏者たちにも、悲しい怒りをぶちまけている。親鸞は建長八＝康元元（一二五六）年五月二十九日付けで、善鸞あてに義絶状を送るとともに、同日付けで性信にあてて、この問題はひとに隠しておくべきことではないから皆に知らせてやってくれと、善鸞の義絶状とほぼ同文のものを書き送っている。

まず、善鸞あての義絶状から紹介しよう。

お前の申し越しの事、詳しく拝見致しました。全く哀愍坊とかいう者が、京都にいる私（親鸞）から手紙をもらったとか、いっていることは、かえすがえす奇妙なことです。哀愍房などという者は、まだ見たこともなく、手紙など一度もやったことはありません。こちらから手紙も書かないのに、哀愍房は京都の私から手紙をもらったといっていることは、あきれた事です。また、慈信坊善鸞が関東で説いている念仏の救いは、私親鸞は未だかつて聞いたこともなく、全々知りもしない事を、善鸞一人にだけ、夜、親鸞が教えたのだと、関東の人びとに善鸞がいいふらしているのだといって、私にも、常陸国や下野国の人びとが皆、親鸞が虚事を教えたということをお互いに言っています。それゆえ、今となっては父子の縁はありえません。また、お前は継母（恵信）にたいして、思いもよらない、いい加減なことをいい告げたことは、言いようもないほど悲しいことです。下野国の壬生のある女性が私のところへきて「慈信坊善鸞からの手紙です」といって一通の手紙を持って参りました。その手紙がここにあります。慈信坊のその手紙は、誰も手を加えたものでありませんので、弁解の余地もないことと思いますが、そのなかでお前は、「継母に言いまどわされた」と書いています。また、お前は継母がいまどんな風にしているかも知らないのに、壬生の女性のところへも、継母に言いまどわされたなどと便りをするということは、想像もおよばないほどのつくりごとです。なげかわしいことと、悲しく思っております。

こんな虚事をつくりあげて、京都の六波羅探題や鎌倉幕府などに訴えたことは、つらいことです。それだけでなく、往生極楽の大事をいいまどわして、常陸・下野の念仏者をまどわし、父親鸞にありもしない虚事を言い告げたことは、情ないことです。お前が弥陀の第十八の本願をば、萎んだ花にたとえて、人ごとにみな捨てさせたということが聞えてきていますが、それは誠に謗法（ほうぼう）の罪に当ります。また、五逆の罪を好んで行ない、人びとの信仰を傷つけ、迷わせることは悲しいことです。なかでも破僧の罪、つまり念仏者の結合を破る罪は五逆の罪の一つにあたるのです。親鸞に、ありもしない虚言をいったことは父を殺すことになるのです。これも五逆の罪の一つです。このような事々を、伝え聞くことは浅間しい限りですので、今は、もうお前の親ということはありえません。またお前を子と思うことも、思い切りました。三宝神明にはっきりと言い切ってしまいました。悲しいことです。お前善鸞の説く教えに違うからといって、常陸の念仏者たちすべての信仰を迷わそうとしているというお前の言動を耳にすることこそ、心憂く思われます。親鸞の命令で、常陸の念仏者たちを傷つけよと善鸞に命じたのだと、鎌倉幕府に訴えたことは、あきれ果てた限りです。(『御消息拾遺』)

親鸞は、わが子善鸞が犯している俗世間上の罪と信仰上の罪を数えあげて、厳しく善鸞を責めている。親鸞は、善鸞の犯した罪は、謗法の罪と破和合僧の罪、殺父の罪であり、五逆の罪のなかの二つを犯しているではないかと責める。親鸞にとっては、弥陀の本願を萎んだ花にたとえて、関東の人びとに捨てさせたということは、まさに親鸞を殺すことであり、正法を否定する最大の罪であった。それだけでなく、善鸞は念仏者の息の根を止めるべく、鎌倉幕府に訴訟におよんだのである。時に、八十四歳の親鸞は、人生の終り近くになって、こともあろうに、わが子善鸞から弥陀の本願を否定するような最大の異端をつきつけられたのである。親鸞は、全力をふりしぼって、この最大の異端にたち向った。親鸞は、善鸞義絶の事情を、関東の最有力門弟であり、鎌倉幕府の法廷において被告席にたった性信につぎのように書き送った。

このお手紙の内容、詳しく拝見致しました。さてさて、慈信坊善鸞の教えのために、常陸・下野の人びとの念仏の信仰は、今まで聞きおよんでいたのとは、全く変ってしまったとうかがっています。かえすがえす情けなく、あきれてしまいました。年来、往生決定したとおっしゃった人びとが、善鸞と同様に、皆様が虚言を申しておりましたことを、長年ふかく信用してきましたのを、かえすがえすもあきれてしまいました。そのゆえは、往生の信心ということは、弥陀の本願を一念も疑うことがないのを、往生一定と思っておりました。光明寺の善導和尚が、信心のあり方をお教えになっている言葉に、「ほんとうの信心を決定された後には、弥陀のような仏、釈迦のような仏が空に満ち満ちて、弥陀の本願は間違いであると仰せになっても、一念も疑がってはならない」とこそ承け給わっております。それ故、そのことを年来申してきましたのに、善鸞ごときの者の言うことに、常陸・下野の念仏者が、みな信心が動揺して、あげくの果ては、あれほどはっきりしている証拠の文章を全力を尽して数多く書き送って参りましたのを、皆お捨てになっているということですので、とやかく言ってもはじまりません。まず、善鸞が説く教えの内容は、私は聞いたこともありません。まして習ったこともありませんので、善鸞にこっそりと教えられるはずはありません。また、夜となく昼となく善鸞一人にだけ、他の人にかくして法文を教えたこともありません。もし、法文のことを、善鸞に教えながら、虚言をついて、こっそりとほかの人に教えたことがあるとすれば、三宝をはじめ、三界の諸天善神、四海の竜神八部、炎魔王界の神祇冥道の罰を、親鸞の身に、すべて受けるでしょう。今後は善鸞においては、私親鸞の子ということを思い切りました。善鸞は世俗の事についても言語道断の虚言を言い広めておりますので、出世間のことだけでなく、俗世間の事においても、恐ろしい申しごとは無数でございます。とりわけ、善鸞の説く法文は想像もおよばぬ言い分(ぶん)です。全く親鸞自身においては、聞いたこともなく、習ったこともありません。かえすがえす、あきれ果てて残念に存じます。弥陀の本願を捨て去るという立場に、人びとが同調して、親鸞をも虚つき者としているのです。心憂く情けないことです。皆様は、『唯信鈔』・『自力他力の文』・『後世物語の聞き書き』・『一念多念の証文』・『唯信鈔の文意』・『一念多念の文意』などをご覧になっておりながら、善鸞の法文によって、多くの念仏者たちが弥陀の本願をお捨てになっておりますことは、言語道断の次第です。したがって、善鸞の法文に関する手紙は今後お書き下さるには及びません。また、性信坊のお書きになった真宗の聞き書きは、全く私が申している内容と違いありませんので、嬉しく存じます。真宗の聞き書一帖は当方に留どめておきます。また、哀愍房とかいう者は、私は未だ会ったこともありません。また、手紙も一度も書き送ったこともなく、哀愍房の方から手紙をもらったこともありません。哀愍房が、私から手紙をもらったと申しているのは、恐ろしいことです。この『唯信鈔』の書きっぷりはあきれていますゆえ、火に焼いてしまいます。誠に憂鬱でございます。いま書き送るこの手紙を、関東の方々に見せてあげて下さい。

五月二十九日　　　　　　　　　　　　　　親　鸞

性信坊御返事

なおなお、よくよく関東の念仏者たちの信心は一定（じょう）といっていたのは、皆虚であったようです。これほど有難い弥陀の第十八の本願を、お互いに捨てている人びとの言葉を長年の間信じておったことは、あきれたことです。この手紙を関東の人たちに隠くす必要はありませんから、よくよく人びとにお見せ下さい。（『血脈文集』）

親鸞の、わが子善鸞への怒りもさることながら、長年信頼し切ってきた直弟子たちにたいしても悲しい憤りの念がこみ上げてきたのである。善鸞ごときの者にだまされて、長年にわたって親鸞が説いて来、また直弟子たちが信じてきたものを、捨て去る者の多いことに、親鸞はやり場のない怒りを感じ、それを性信にぶちまけている。

以上のようにして、建長八（一二五六）年五月末において、親鸞は関東の念仏禁止と念仏者たちの信心の動揺の原因と真相を知ったのである。その時に、それまで親鸞が善鸞によってだまされていた直弟子への疑心の念は一挙に氷解したのであった。しかし、疑心は解けたとはいえ、いまこそ、孤軍奮闘している性信たち一部の直弟子を励まして、かつてないほどに大規模な念仏禁止の動きを阻止しなければならなかった。関東の念仏を根底から動揺させ、絶滅の危機に追い込んだ張本人善鸞を義絶したからといって、堰を切った念仏弾圧の怒濤は消え失せるわけではなかった。幕府の判決がどのような形で下されようとも、その時までは領家・地頭・名主による念仏弾圧の手は強化の一路を辿ってゆくのである。

念仏者をはげます親鸞

このような、極めて悲観的情況に追いこまれた関東の念仏者にたいして、親鸞はどのような態度をとることを教えたのであろうか。建長八＝康元元（一二五六）年も暮れごろになると、念仏者たちは益々窮地に追いつめられていった。村々にあって親鸞の教えた念仏の救いを自ら信じ、これをひとに教えて信じさせるといった報恩の布教など、思いもよらない状態となった。しかも、幕府の判決の見通しは決して念仏者側に明るいものではなかった。切迫した危機感のなかに関東の直弟子たちは、この現実にどのように対処すべきかの指示を親鸞に仰いだ。そして、年も明けて康元二（一二五七）年となった。親鸞は康元二年と推測される正月九日付けの手紙を関東の真浄坊あてに書き、念仏者の採るべき姿勢をつぎのように教えている。

さて、念仏のことゆえに、村に住んでおられないような情況になったと、うかがいました。かえすがえすも、お気の毒に存じます。要するに、その村々に念仏の縁がつきたのでございましょう。念仏が弾圧されるということを、とやかくお歎きになる必要はありません、念仏を禁止する領家・地頭・名主こそ、どうにかなってしまうことでしょう。念仏を申す人びとはなんで、心苦しく思う必要がありましょうか。余の人びと、つまり領家・地頭・名主と結んで、念仏を弘めようとなさることは、夢々なさってはいけません。その村々に念仏の弘まりますのも、すべて仏の御はからいによるのです。（人力ではどうにもならないのです。）善鸞がいろいろ間違ったことを説いていますので、人びとも信心が様々に変ったとの由、聞きおよんでおります。かえすがえす、気の毒なことです。ともかくも、仏の御はからいにおまかせすべきです。その村々の念仏の縁がつきてしまったならば、有縁の地へどこでもお移りになって下さい。善鸞が申しましたことを信頼して、今後は余のひと、すなわち領家・地頭・名主たちと強く結んで、念仏を弘めよというようなことは、私親鸞は夢々申したことはありません。全くの間違いごとです。この末法の世の常として、念仏が弘まる時、念仏の妨害があるということは、前々から仏がお説きになっているのですから、なにも今更驚くにはおよびません。いろいろと善鸞が言うのを、私親鸞が言ったのだとお思いなることは、夢々いけないことです。法文の内容も、善鸞はありもしないことを申しているのです。聞いてはなりません。全くの間違ったことがおこっていることが私の耳に入っております。気の毒なことです。入信坊なども気の毒に思われます。鎌倉幕府の法廷に立たされて、長くなっていることでしょう。気の毒なことです。目下、さしつかえがあって長く滞在しているのでしょう。私には、どうすることも出来ません。常陸国奥郡（北部）の人びとが善鸞にだまされて信心が、みな動揺しているということは、かえすがえすも気の毒で悲しく思われます。この件についても、私親鸞が人びとをだましたと噂されていることも、かえすがえすあきれ果てたことに思われます。それというのも、常々、人びとの信心が決定していないことが、露顕したように思われます。かえすがえす気の毒に存じます。善鸞の教えによって、人びとの日頃の信心がゆらいでおいでになるのも、つまるところは、人びとの信心がほん物でないことがはっきりしたのです。むしろ、それは、信仰にとってよい事です。そのような事情になったのを、人びとは私が言いまどわしたようにお思いになっていらっしゃることこそ、あきれたことです。常日頃、様々の書物などをも書き写してお持ちになっているのも、なんの甲斐もないように思われます。『唯信鈔』をはじめ様々の書物などは、今となってはなんの役にもたたなくなったと思われます。よくよく書き写している法文は、皆役にたたなくなってしまいました。善鸞にみんなが従って、大切な書物などは捨て去ってしまった、と聞きおよんでおりますことは、言いようもなく気の毒に思われます。よくよく『唯信鈔』、『後世物語』などをご覧いただきたいものです。年来、信心決定したのだとおっしゃっていた人びとは、皆、虚であったと書きおよんでおります。気の毒なことです。気の毒なことです。なに事もなに事も、またまた申しましょう。（『御消息集』）

この康元二（一二五七）年正月九日の親鸞の手紙は、念仏の弾圧者にたいする親鸞の態度が大きく変ったことを物語ってくれる。この一年四ヵ月前には「この世の常として念仏を妨げる人びとは、その村々の領家・地頭・名主であり、理由のあることであるから、とかく申すべきではない。念仏者は、むしろ念仏を妨害する人びとに憐れみをかけ、気の毒に思いなさい。これを憎むよりはむしろ、念仏をとなえて念仏を妨害する人を救けようとすべきである」といっている。また、「かれらは釈迦・善導の予言にみえるような人であるから、念仏を弾圧し、念仏者を憎みなどするのであろう。念仏者は、この念仏を禁止する人を憎むことなく、むしろ念仏をその人たちのためにとなえてあげなさい」ともいっている。親鸞は、建長七（一二五五）年の段階では、弾圧者に余った念仏を捧げることによって、村々で念仏の信仰が守り切れると考えたのである。しかし、それから一年四ヵ月後に接した念仏者の信心の動揺と念仏禁止の実情は、弾圧者に余った念仏を捧げるくらいで、村々における念仏の信仰が守り切れない段階に到ったのである。その時こそ親鸞は、「つまるところ、もはや関東の地は、念仏の縁がつきてしまったのであろう。念仏を禁止されるなどということは、なにも歎くにはおよばない。念仏禁止する人こそ、どうにかなってしまうであろう。念仏者はなにも気に病むことはない。念仏者は、領家・地頭・名主などと結んで、念仏を弘めようなどと考えるべきではない。その村々に念仏の弘まるのも、すべて仏の御はからいによるのだ。……ともかくも、仏の御はからいにまかすべきだ。その村々の念仏の縁がつきてしまったならば、有縁の地へ移れ。善鸞の言を信頼して、今後は余の人びと、つまり領家・地頭・名主たちと強く結んで、念仏を弘めよといった覚えはない。全くの間違いである。末法の世の常として、念仏が弘まる時、念仏の妨害があるということは、前々から仏が説いていることだから、なにも今更驚くにはおよぶまい」という態度が生まれてくるのである。

これが弾圧のために念仏の信仰を、その村で守り切れなくなった時に、念仏者がとるべき姿勢であった。それはまた、親鸞自身が、その生涯を通じてとりつづけてきた立場でもあった。親鸞は念仏の信心と布教が貫ける限界内においては、支配者のために念仏を捧げるという態度をとり、それを人に勧めもした。その限界を越えた念仏の弾圧が、念仏者におそいかかった時、親鸞は限りない憤りを覚えたのである。

その憤りは、康元二（一二五七）年正月だけに見られるものではなく、文暦二（一二三五）年、六十三歳にして、関東を念仏の縁つきた地として去る時も同じであった。（一八四頁参照）また承元元（一二〇七）年、三十五歳にして、京都を追われる時も同じであった。（七四頁参照）

いっぽう、建長七年に端を発した念仏禁止の訴訟はまだ続いていたが、康元二（一二五七）年五月ごろになると、裁判は急に直弟子側に有利に進展しはじめた。では、幕府の法廷にたった性信は念仏についてどのような弁論を行なったのだろうか。性信自身に聞いてみよう。

念仏者の勝利

性信と入信は康元元（一二五六）年以来二年にあまる間、鎌倉の法廷で戦っていた。その間、入信は病いに倒れ、性信ひとりが孤軍奮闘を余儀なくされていた。性信の弁論の内容は、大体つぎのようなものであった。親鸞の教えを忠実にまもる念仏者は、諸神諸仏を否定することもなく、造悪無碍の行為をあえて行なうものでもない。関東の村々において既成の社会と精神の秩序を乱しているのは、正しい念仏者たちではない。反社会的言動を好んで行なっているのは、念仏者のなかのほんの一部の本願ぼこりの人びとである。われわれ念仏者は、かれら本願ぼこりの人びとは救われないと批判しているくらいである。領家・地頭・名主などが、本願ぼこりの人びとを弾圧するのは当然である。われわれ念仏者は、本願ぼこりを弾圧する領家・地頭・名主の行動を批難するものではない。師親鸞も、本願ぼこりの念仏者が罰せられるのは当然だといっている。それだけでなく、本願ぼこりの念仏者の間違った言動のために、師にも、布教者にも、そして全念仏者にまでも被害がおよぶのだ。本願ぼこりの人びとは地獄にもおちよ、天魔ともなれと思っている。また、本願ぼこりは獅子身中の虫である。われわれ正しい念仏者は、本願ぼこりの念仏者とは全く違うのだ。むしろ、かれら本願ぼこりには迷惑をこうむっている被害者なのだ。正しい念仏のひろまりは、社会の秩序を乱すものではない。われわれは、本願ぼこりに名をかりて、正しい念仏者までをも弾圧する領家・地頭・名主のために幸あれと念仏を捧げる護国思想をもっているのだ。とくにわれわれ信心決定した念仏者は、自分の往生のために念仏する必要はないのであるから、むしろ支配者のため、国民のため、世の中の平穏のためにに念仏をしているのだ。これが、正しい念仏者の生活態度なのだ。われわれの念仏が、社会の平和のために害があるなどというのは、根も葉もないつくり事である。本願ぼこりの念仏者の言動を利用して、われわれ正しい念仏者を関東から追放しようとする善鸞たちの謀略なのだ。

以上のような正しい念仏者の立場を、性信が堂々と弁じたのである。幕府としても、正しい念仏者の実態を知ってみれば、念仏禁止の裁決を下すには及ばなかった。幕府が、被告性信側に勝利の宣告をあたえたのも当然であった。幕府が念仏禁止を非と判定した以上、領家・地頭・名主とて、いまりつづけている念仏の弾圧を、それ以上進めることはできなくなった。村々に念仏を守るかぎり住めないほどの激しい弾圧の波はひいていった。念仏者にとって、再び関東の地は、念仏の縁ある地となった。このような事は、ちくいち京都の親鸞に報告されていた。裁判が終った時、あらためて性信は二年に余まる裁判の様子を手紙に書いて親鸞に報告した。親鸞は、つぎのような返書をしたためて、性信のとった態度の正しいことを誉め、その労をねぎらっている。

六月一日付けのお手紙詳しく拝見致しました。鎌倉での訴訟のことは大体聞いておりました。いまいただいたお手紙と同じことを聞いておりましたので、敗訴することはまさかあるまいと思っておりましたところ、裁判に勝って国もとにお帰りになって嬉しく存じます。大体、このたびの訴訟のことは、性信坊、あなた一人の問題ではありません。浄土往生を願う全念仏者の問題なのです。このことは、故法然聖人の御とき、私親鸞もいろいろに言われたことなのです。別に事あたらしい訴えごとではありません。性信坊一人が処置すべき性質のことではありません。念仏を申す人はすべて一致団結して処置すべきことなのです。それにもかかわらず、あなたを笑い者にすべきことではありません。念仏者たちの中の、ものの道理のわからぬ者が、性信坊一人に罪を押しつけるということは、全く間違ったことです。念仏者たちは、性信坊の味方にこそなるべきなのです。母・姉・妹などがいろいろに申しているのは、昔のことです。だから、かつて念仏を禁止されたところ、世に変事がおこったのです。それにしても念仏を深くたのんで、世の中が安穏でありますようにと、心から念仏をしていただきたいと思います。あなたの御手紙の内容、陳弁のあらましは、誠に結構な処置をしていただきました。嬉しく存じます。要するに、あなたに限らず、念仏を申す人びとは、信心が決定していれば、自分の往生のためと考えずに、国家の御ため、国民のために念仏を申して下さるならば、結構なことです。しかし、往生がまだ決まっていないとお思いになる人は、まず、自分の往生の事を考えて、自分が救われるための御念仏を申して下さい。自分の往生が決まったのだとお思いになる人は、救われるための念仏は必要でなく、救っていただいた仏の御恩を自覚するならば、御報恩のために、御念仏を心をこめて申して、世の中が安穏でありますように、念仏が弘まるようにと思うべきだと思います。よくよくお考え下さい。このほかは、念仏にとって別のはからいがあるとは思われません。なおなお、裁判が終って早く帰国されましたことこそ、嬉しく存じます。よくよく心に入れて往生を一定と自覚されている人は、弥陀の御恩を自覚される以上、他の事は必要ありません、御念仏を精一杯お申しになるべきだと思います。(『御消息集』)

この手紙によれば、念仏者の勝利や念仏のひろまりへの明るい見通しのたった有様が知られる。それにつけても、このたびの件について関東の念仏者たちがとった性信にたいする冷い態度の誤りを、親鸞は歎いている。そして、性信が法廷で弁じた内容を全面的に肯定している。そのうえ、今後の念仏者の生活態度として、「要するに、あなたに限らず、念仏者たちは、信心決定した人は、自分の往生のためと考えずに、国家のため、国民のために念仏を申すことがよいのだ。しかし、信心決定していないと思う人は、まず、自分の往生のために念仏せよ。自分の往生が決定と思う人は報恩のためにと心得て念仏をし、世の中安穏なれ、念仏弘まれと思え」と教えている。ここで、国家・国民・世の中のために捧げる念仏は、信心決定した人の余った念仏である。余った念仏を持ちあわせない人は、国家・国民・世の中のためどころか、自分の救われるために念仏をせよ、といっているのである。

親鸞にとって、何よりも大切なことは「自信」、つまり信心決定して救われることであった。親鸞にあっては、それをぬきにして、「教人信」、すなわち報恩のための念仏布教も、国家・国民・世の中のためなどの念仏はありえなかった。ともかく、最悪の事態、すなわち念仏を守るために村を去るといった情況は、康元二(一二五七)年七月のころには終りを告げた。

極楽浄土への旅立ち

思えば、親鸞の九十歳の生涯の幕切れ近くに、親鸞は最大の異端と最大の念仏信仰の危機におそわれたのである。時に親鸞は八十五歳であった。謗法の罪・殺父の罪・破和合僧の罪といった大罪にもあたる罪を念仏者と父にたいして犯したわが子善鸞を、義絶によって切り捨てた。それによって、親鸞は最後にして最大の異端を切りぬけたのである。鎌倉権力を動かしての関東の念仏禁止も、性信の捨て身の努力によって回避できた。その後の関東の念仏事情は好転していった。念仏を弾圧する立場の領家・地頭・名主のなかにも、念仏への理解も深まり、かれら自身が念仏者になるものも生まれるようになった。地頭のなかには、大番役に上洛した時など、親鸞の庵を訪れる者もあった。事件落着以後、極楽浄土へ旅立つまでの四、五年の年月は、親鸞にとって、ほんとうにおだやかな日日であった。やがて、親鸞の生涯の終りが訪れた。時に親鸞は九十歳、弘長二（一二六二）年十一月二十八日であった。親鸞は、背負い切れないほどの同朋・同行の念仏者の成果をたずさえて、阿弥陀如来のいます極楽浄土に、静かに、ほんとうに静かに旅だっていった。『親鸞聖人伝絵』は親鸞の往生のもようをつぎのように記している。

聖人・弘長二歳壬戌仲冬下旬の候よりいさゝか不例の気ましします。自爾以来、口に世事をまじへず、たゞ、仏恩のふかきことをのぶ。声に余言を、あらはさず、もはら称名たゆることなし。しかうして、同第八日午時、頭北面西脇に臥給て、つゐに、念仏の息、たえましましをはりぬ。干レ時頽齢九旬に満たまふ。禅坊は長安馮翊の辺押小路南万里小路東なれば、はるかに河東の路を歴て、洛陽東山の西麓、鳥部野の南辺、延仁寺に葬したてまつる。遺骨を拾て、同山麓、鳥部野の北、大谷に、これを、おさめたてまつり、をはりぬ。而、終焉にあふ門弟、勧化をうけし老若、をの〳〵在世のいにしへをおもひ、滅後のいまを悲て、恋慕涕泣せずといふことなし。

親鸞年譜

元号	西暦	親鸞年齢	親鸞関係事項	宗教関係事項	政治・社会関係事項
承安三 癸巳	一一七三	一	誕生		
四 甲午	一一七四	二			
安元元 乙未	一一七五	三		この春、法然（源空・四三歳）専修念仏を唱える。	九月、京都大風。
二 丙申	一一七六	四			四月、大地震。
治承元 丁酉	一一七七	五			四月、京都大火。 六月、鹿ヶ谷の陰謀発覚。
二 戊戌	一一七八	六		閏六月、慈円、法性寺座主となる。	
三 己亥	一一七九	七			一一月、清盛、後白河法皇を鳥羽殿に幽閉。
四 庚子	一一八〇	八		一二月、平重衡、東大・興福両寺を焼く。	五月、以仁王・源頼政挙兵、宇治に戦い敗死。 八月、源頼朝挙兵。 九月、木曽義仲挙兵。 一〇月、頼朝鎌倉に入る。

養和元 辛丑	一一八一	九	親鸞、この春、慈円のもとで得度し、範宴と号す。		閏二月、平清盛没。
寿永元 壬寅	一一八二	一〇	恵信尼誕生。		この春、京都飢饉、死者多し。
二 癸卯	一一八三	一一			七月、平氏、天皇を奉じて西国に逃れ、義仲入京する。
三 甲辰	一一八四	一二			一〇月、頼朝、問注所を設置。
文治元 乙巳	一一八五	一三		八月、東大寺大仏落慶供養。	一一月、諸国に守護、公領・荘園に地頭を置く。
二 丙午	一一八六	一四		秋、大原談義、顕真ら法然（五四歳）と浄土の宗要を問答。	三月、頼朝、六六国の総追捕使となる。
三 丁未	一一八七	一五		四月、栄西（四七歳）再び入宋。	二月、記録所を設置。義経、陸奥へ逃れる。
四 戊申	一一八八	一六		八月、後白河法皇、法然（五六歳）を先達として、如法経を書写。	
五 己酉	一一八九	一七		八月、法然（五七歳）九条兼実に授戒。 この年、栄西（四九歳）、出家大綱を著わす。	閏四月、義経、藤原泰衡に、衣川館に討たれる。 八月、頼朝、泰衡を攻め、奥州を平定。
建久元 庚戌	一一九〇	一八		二月、重源の請により法	

				然（五八歳）東大寺に浄土三部経を講ず。	
二	辛亥	一一九一	一九	三月、法然（五九歳）重源の一〇問に答える。 七月、栄西（五一歳）宋より帰朝。 九月、法然、宜秋門院（中宮任子）に授戒。	一月、頼朝、公文所を政所と改称して別当等を補任し、問注所執事・侍所別当・京都守護等を任命。
三	壬子	一一九二	二〇	二月、法然（六〇歳）後白河法皇に授戒。 八月、法然、九条兼実に授戒。 慈円、天台座主となる。	三月、後白河法皇没。 七月、頼朝、征夷大将軍に任ぜられる。
四	癸丑	一一九三	二一		
五	甲寅	一一九四	二二	七月、延暦寺衆徒の訴により、栄西（五四歳）・能忍等の禅の布教を禁止。	
六	乙卯	一一九五	二三	この年、栄西（五五歳）筑前国に聖福寺建立。また、延暦寺衆徒の訴により、徴問される。	
七	丙辰	一一九六	二四		
八	丁巳	一一九七	二五		

建久九 戊午	一一九八	二六		三月、法然（六六歳）選択本願念仏集を著わす。 この年、栄西（五八歳）興禅護国論を著わす。	
正治元 己未	一一九九	二七			一月、源頼朝没、頼家嗣ぐ。 一二月、頼家、梶原景時を追放。
二 庚申	一二〇〇	二八		一月、道元誕生。 五月、幕府、念仏を禁じる。 九月、法然（六八歳）兼実の女官に授戒。	一月、梶原景時・景季、上京を企てて敗死。
建仁元 辛酉	一二〇一	二九	六角堂に百日参籠。聖徳太子の示現を得て、法然（六九歳）の門に入り、他力の念仏者となる。	二月、慈円を天台座主に重補。 一〇月、宜秋門院、法然を戒師として出家。	八月、鎌倉及び諸国、大風雨。 一〇月、北条泰時、伊豆の飢民を救う。
二 壬戌	一二〇二	三〇	親鸞、念仏の布教さかん。	二月、九条兼実、法然（七〇歳）を戒師として出家。 この年、栄西（六二歳）建仁寺を建立。	
三 癸亥	一二〇三	三一	この頃、親鸞結婚。		九月、比企能員の乱。 同月、実朝を征夷大将軍とし、頼家を伊豆修善寺に幽

元久元 甲子	一二〇四	三二	一一月、親鸞、法然の七箇条起請文に僧綽空と署名。このころ、息男慈信坊善鸞生まれる。	一〇月、延暦寺の衆徒、専修念仏停止を座主真性に訴える。一一月、法然（七二歳）七箇条起請文を作り、門弟を誡め署名させる。	閉。北条時政執権となる。七月、頼家、伊豆修善寺で殺害される。
二 乙丑	一二〇五	三三	四月、親鸞、選択本願念仏集を受ける。また、法然の真影を描くことを許される。閏七月、法然の真影に法然真筆の銘を受ける。親鸞この日、綽空の名を善信と改める。	一〇月、興福寺貞慶、九ヶ条の失をあげて、念仏禁断の奏状を呈す。（興福寺奏状）	
建永元 丙寅	一二〇六	三四		二月、興福寺衆徒、法然（七四歳）とその門弟が念仏を唱え、他宗を謗ることを訴える。九月、興福寺の三綱、念仏停止の宣下を促す。	
承元元 丁卯	一二〇七	三五	二月、専修念仏停止され、親鸞越後国国府に流される。	一二月、専修念仏の停止を重ねて宣下。二月、一向専修の輩を捕える。法然を土佐に流し、	四月、九条兼実没。

承元二 戊辰	一二〇八	三六		住蓮らを処刑する。	閏四月、京都大火。
三 己巳	一二〇九	三七	このころ親鸞、恵信尼と結婚。		
四 庚午	一二一〇	三八		往生要集刊行。	
建暦元 辛未	一二一一	三九	三月、信蓮房誕生。 一一月、親鸞の流罪赦免。	三月、後鳥羽上皇、四天王寺の念仏を停止。 一一月、法然（七九歳）勅免により入洛。	六月、幕府、守護地頭に命じて海道に新駅を設置。
二 壬申	一二一二	四〇	念仏布教を活発に行なう。	一月、法然没（八〇歳）。 二月、高弁、摧邪輪を著わす。	
建保元 癸酉	一二一三	四一		四月、道元（一四歳）天台座主公円に就て剃髪し、受戒。 五月、栄西（七三歳）権僧正となる。 六月、高弁、摧邪輪荘厳記を著わす。	五月、和田義盛、幕府と戦い敗死。
二 甲戌	一二一四	四二	越後を去り、親鸞一家関東に赴く。 この年、上野国佐貫庄において浄土三部経千部読誦を始め、やがて中止して常陸国に入る。	六月、栄西、実朝の命により、雨を祈る。 この年、道元（一五歳）比叡山を出て栄西の門に入る。	

三 乙亥	一二一五	四三		七月、栄西没（七五歳）。
四 丙子	一二一六	四四	教行信証述作進む。	二月、隆寛、具三心義を著わす。
五 丁丑	一二一七	四五		三月、法然の門弟空阿弥陀仏、専修念仏を唱える。延暦寺衆徒の蜂起を恐れ、念仏衆逃散。 八月、道元（一八歳）建仁寺に入り、明全に参ず。
六 戊寅	一二一八	四六		
承久元 己卯	一二一九	四七		閏二月、専修念仏を禁止。 一月、源実朝、公暁に殺害される。
二 庚辰	一二二〇	四八		
三 辛巳	一二二一	四九		七月、聖覚、唯信鈔を著わす。 五月、承久の乱。 六月、六波羅探題設置。 七月、幕府、後鳥羽法皇を隠岐に、順徳上皇を佐渡に配流。 閏一〇月、同じく土御門上皇を土佐に配流。
貞応元 壬午	一二二二	五〇		二月、日蓮誕生。
二 癸未	一二二三	五一		二月、道元（二四歳）入宋。

元仁元 甲申	一二二四	五二	息女覚信尼誕生。	八月、京都で専修念仏者禁圧される。	六月、北条義時没。
嘉禄元 乙酉	一二二五	五三			六月、大江広元没。 七月、北条政子没。
二 丙戌	一二二六	五四			
安貞元 丁亥	一二二七	五五	このころ関東に念仏ひろまる。	六月、延暦寺衆徒、法然の墳墓を破却。 七月、延暦寺の訴により、専修念仏僧隆寛及び空阿弥陀仏等を流し、専修念仏を停止。 一〇月、延暦寺衆徒、選択集の版木を焼く。 この年、道元（二八歳）帰朝して京都建仁寺に入る。 隆寛没。	
二 戊子	一二二八	五六		一月、法然の遺骨を荼毘にふす。	
寛喜元 己丑	一二二九	五七			
二 庚寅	一二三〇	五八	五月、唯信鈔を書写。		六月、武蔵国、美濃国等に降雪があり、泰時、施米を施行。（七月霜が降り、八月、

三 辛卯	一二三一	五九	四月、親鸞風邪のため床に臥し、三部経を読む。この時、建保二年の三部経読誦を反省。	八月、道元（三二歳）正法眼蔵弁道話を記す。	大風雨。この年飢饉） 三月、泰時、飢饉のため、伊豆・駿河両国の出挙米を出して窮民を救う。（この年、餓死者多数） 五月、六波羅に命じて、京都の飢民が富家を襲うことを取り締まらせる。
貞永元 壬辰	一二三二	六〇			八月、貞永式目制定。
天福元 癸巳	一二三三	六一		一月、湛空、法然の遺骨を二尊院に収める。	
文暦元 甲午	一二三四	六二		六月、入道藤原教雅、念仏上人と称して念仏を専修。そのため入道を遠流に処し、念仏を禁圧。	
嘉禎元 乙未	一二三五	六三	六月、唯信鈔を書写。 この年、善鸞の息男如信誕生。 この年、親鸞一家帰洛。	三月、聖覚没。 七月、幕府、専修念仏禁止。	一月、幕府、僧徒が兵仗を帯びることを禁止。
二 丙申	一二三六	六四			
三 丁酉	一二三七	六五		日蓮（一六歳）出家して是聖房蓮長となのる。	
暦仁元 戊戌	一二三八	六六			
延応元 己亥	一二三九	六七		二月、一遍（智真）誕生。	五月、人身売買を禁じる。

仁治元 庚子	一二四〇	六八		三月、選択集開版。五月、延暦寺衆徒、祇園神人に念仏を停止させる。	
二 辛丑	一二四一	六九	一〇月、唯信鈔を書写。		二月、鎌倉大地震。一二月、幕府、奢侈を禁止。
三 壬寅	一二四二	七〇	九月、定禅、親鸞の真影を描く。	日蓮（二一歳）叡山に登り、南勝房後範に学ぶ。	三月、幕府、鎌倉在住の僧徒の帯剣を禁止。
寛元元 癸卯	一二四三	七一	一二月、親鸞、いや女譲状を書く。	七月、道元（四四歳）波多野義重の招きにより、越前へ赴く。	
二 甲辰	一二四四	七二		七月、道元（四五歳）越前志比庄に大仏寺（寛元四年六月、永平寺と改称）開堂供養を行う。	
三 乙巳	一二四五	七三			
四 丙午	一二四六	七四	三月、唯信鈔、及び、自力他力事を書写。	この年、宋僧蘭渓道隆来朝。	
宝治元 丁未	一二四七	七五		八月、道元（四八歳）時頼の招きにより、鎌倉へ赴く。	六月、時頼、三浦泰村を討つ。（三浦氏滅亡）
二 戊申	一二四八	七六	一月、浄土和讃・高僧和讃を作る。		
建長元 己酉	一二四九	七七			一二月、幕府、引付衆を置

二 庚戌	一二五〇	七八	一〇月、唯信鈔文意を著わす。	道元（五一歳）後嵯峨上皇より紫衣を賜う。	き、評議に参加させる。
三 辛亥	一二五一	七九	閏九月、常陸国の門徒中に有念無念の論あるにより、その非を示す書状を送る。		二月、鎌倉大火。
四 壬子	一二五二	八〇	二月、異端の信仰に傾くことを、常陸の門徒に書状を送って、誡める。また、京都及び諸国において源空の遺弟中に異端の教を説く者のあることを歎く。		
五 癸丑	一二五三	八一	三月、文類聚鈔を著わす。	四月、日蓮（三二歳）比叡山を下って、安房清澄寺に帰り、立宗、ついで鎌倉へ入る。 八月、道元没（五四歳）。	
六 甲寅	一二五四	八二	二月、唯信鈔を書写。 九月、後世物語聞書を書写。 一一月、観経四帖疏より、二河白道譬喩を抄出。 一二月、浄土和讃を書写。	八月、良忠、選択集弘決疑鈔を著わす。 日蓮（三三歳）この頃より辻説法を始める。	一月、鎌倉大火。 閏五月、京都大地震。 一〇月、幕府、武士の狼藉及び人身売買を禁止。
七 乙卯	一二五五	八三	四月、一念多念分別事・浄土和		

康元元 丙辰	一二五六	八四	讃を書写。 五月、源空の消息を写す。 六月、尊号真像銘文を作り、本願相応集を写す。 七月、浄土文類聚鈔を書写。 八月、浄土三経往生文類・愚禿鈔を選述。 一〇月、笠間の門徒よりの質問に答え、弟子性信に書状を送る。 一一月、太子七五首和讃を作る。 この年、朝円、親鸞の真影を描く。(安城御影) 三月、入出二門偈・唯信鈔文意を書写。 四月、四十八誓願を書き、門徒の疑義に答える文(建長七年一〇月の書状と同文)を写す。 五月、弟子に返事の書状を送り、上洛を勧め、志の銭三百文の礼を述べる。五月二九日、息男、慈信坊善鸞を義絶する。このことを性信に書き送り、門徒に告げさせる。	七月、時頼、鎌倉に最明寺を建立。	八月、鎌倉大風洪水。

正嘉元 丁巳	一二五七	八五	七月、浄土論註に加点する。 この月、恵信尼、娘覚信尼に下人の譲状を送り、九月、再び譲状を送る。 一〇月、西方指南抄を写す。六字名号・八字名号・十字名号を書き讃を加える。 この月、三河薬師寺での念仏に弟子真仏・顕智・専信ら参加して上洛。 一一月、往相廻向還相廻向文類を書く。 正月、唯信鈔文意を写し、弟子顕智及び信証に与える。 二月、「弥陀の本願信スヘシ」との夢告を感得する。一念多念文意・大日本国粟散王聖徳太子奉賛を著わす。 三月、浄土三経往生文類を書写。 閏三月、弟子に書状を送り、教えを説く。また、正像末和讃を作り、如来二種廻向文を書写する。	二月、良忠、決答授手印疑聞鈔を著わす。	八月、鎌倉大地震。

			五月、上宮太子御記を書写。 六月、浄土文類聚鈔を書写。 八月、一念多念証文・唯信鈔文意を写す。 一〇月、弟子真仏ならびに性真に書状を送り教えを説く。		
正嘉二 戊午	一二五八	八六	六月、尊号真像銘文を作る。 八月、三部経大意を写し、弟子慶信に与える。 九月、正像末和讃を再び作る。 一〇月、慶信に返状を送る。 一二月、弟子顕智、京都三条の善法院（親鸞の弟、尋有の坊）において、獲得名号・自然法爾の教えを聞き、これを記す。	三月、真仏没（五〇歳）。	九月、諸国に盗賊蜂起するにより、幕府、守護に、その逮捕を命じる。
正元元 己未	一二五九	八七	九月、選択本願念仏集延書を書写。 閏一〇月、高田入道に書を送り、門徒よりの志を感謝する。		この年、諸国飢疫のため死者多し。
文応元 庚申	一二六〇	八八	一一月、弟子乗信に書状を送り、飢疫のために死者の多いことを歎く。 一二月、弥陀如来名号徳を書写。	三月、良忠、徹選択集抄を著わす。 五月、日蓮（三九歳）題目抄を著わす。	

				六月、良忠、浄土宗要集を著わす。 七月、日蓮、立正安国論を著わし、幕府に進上する。 ついで、八月、松葉ヶ谷の庵室を焼打され下総国へ逃れる。 この年、宋僧普寧来朝し、真照宋へ渡る。
弘長元 辛酉	一二六一	八九	恵信尼病む。	五月、日蓮（四〇歳）伊豆伊東に流罪。
二 壬戌	一二六二	九〇	一一月、親鸞没。 一二月、覚信尼、親鸞の死を恵信尼に知らせる。	一月、日蓮（四一歳）四恩鈔を著わす、ついで二月、教機時国鈔を著わす。

あとがき

『親鸞—煩悩具足のほとけ—』を書きおえてみると、あれをもっと詳しく書きたかったと思われるところも少なくない。だが、是非書きたいことは書いたつもりである。それにしても、親鸞にたいして求めるものは、それぞれの人によって異なるであろう。また、もっと詳しく親鸞について研究したいという方もあろう。そのような方々のために親鸞研究の参考文献を紹介しておこう。

親鸞の著作ならびに、親鸞にかんする古典的史料のほとんどすべては『真宗聖教全書』（全五巻興教書院刊）に収められている。このほか親鸞の著作を収録したものに親鸞聖人全集刊行会の『親鸞聖人全集』（全十八巻）がある。その内訳は、『教行信証』（二冊）、『和讃篇』（一冊）、『漢文篇』（一冊）、『和文篇』（一冊）、『書簡篇』（一冊）、『言行篇』（二冊）、『輯録篇』（二冊）、『写伝篇』（二冊）、『註釈篇』（二冊）、『加点篇』（四冊）となっている。また日本古典文学大系の『親鸞集・日蓮集』（岩波書店）、日本思想大系の『親鸞』（岩波書店）は懇切な頭註が施してあって便利である。これ以外にも、親鸞の著作に関する出版物は数多いが省略させていただく。

つぎは、親鸞に関する研究書の紹介である。親鸞の研究は、日本の近代百年の歴史のなかで、膨大な研究成果を生んでいる。そのなかには哲学・思想・教義・信仰・歴史、まさにあらゆる角度からの親鸞研究がすすめられてきた。これらの諸研究のうち、戦後の時代に発刊され、歴史と思想の両面から親鸞をあつかったものに限って紹介しておく。紹介の順序として、発刊年月の古いものから列記させていただく。

家永三郎著『中世仏教思想史研究』昭和二二年　法蔵館

山田文昭著『親鸞とその教団』昭和二三年　法蔵館

服部之総著『親鸞ノート』昭和二三年　福村書店

宮崎円遵著『真宗書誌学の研究』昭和二四年　永田文昌堂

服部之総著『続親鸞ノート』昭和二五年　福村書店

中沢見明著『真宗源流史論』昭和二六年　法蔵館

梅原隆章著『親鸞伝の諸問題』昭和二六年　顕真学苑

二葉憲香著『親鸞の人間像』昭和二九年　真宗典籍刊行会

宮崎円遵著『親鸞とその門弟』昭和三一年　永田文昌堂

藤島達朗著『恵信尼公』昭和三一年　新井別院

増谷文雄著『親鸞・道元・日蓮』昭和三一年　至文堂

笠原一男著『親鸞と東国農民』昭和三二年　山川出版社

普通社編『しんらん全集』（十巻）昭和三三年　普通社
松野純孝著『親鸞――その生涯と思想の展開過程――』昭和三四年　三省堂
森竜吉著『親鸞――その思想史――』昭和三六年　三一書房
赤松俊秀著『親鸞』昭和三六年　吉川弘文館
笠原一男著『親鸞研究ノート』昭和四〇年　図書新聞社
笠原一男著『転換期の宗教――真宗・天理教・創価学会――』昭和四一年　日本放送出版協会
笠原一男著『日本人と宗教――親鸞その栄光と挫折――』昭和四一年　実業之日本社
古田武彦著『親鸞』昭和四五年　清水書院
松野純孝著『親鸞――その行動と思想――』昭和四六年　評論社
以上が戦後における親鸞の歴史的思想史的立場からの研究成果の主なものである。
なお、親鸞の研究はもちろん、日本の宗教史の戦後四半世紀の成果の紹介および研究論著のリストを収録したものに笠原一男著『日本宗教史研究入門――戦後の成果と課題――』（昭和四六年　評論社）がある。

『親鸞』を読む

菅　原　昭　英

笠原一男著『親鸞―煩悩具足のほとけ―』は、一九七三年の発刊で、五〇年も前の著書である。しかし、今読み返してみても、確かに面白い。

私は大学に入学し、教養学部の授業で笠原先生の講義を聴いた。本書よりも一〇年ほど前のことで、講義はほぼ論文調で、後年のような語り口を駆使することはまだなかった。そのころ先生は、若い真宗史研究者数人を引き連れて、和歌山県方面で真宗寺院を訪ね、調査をされていたことがある。幸いにもそのお伴をさせてもらった。最年少の私は、先生のカバン持ちで、何もわからないなりに、歴史調査のいろはを学んだ。先生は、なぜかダブルのスーツに身を固め、ちょっと気取っている風であったが、大変気さくで、若い研究者や調査先のご寺院さんに敬愛されていた。

年譜によると、先生は一九一六年生まれ。一九四一年東京帝国大学文学部国史学科を卒業し、四月に東京大学史料編纂所の編纂業務を嘱託されたが、翌年一月には、現役兵として入隊、一九四五年八月ソ連に抑留され、一九四七年一月帰国し、五月に史料編纂所に復帰、一九六一年助教授として東京大学教養学部に移動された。卒業論文『真宗教団開展史』は、早くも一九四二年に公刊されている。そして戦後は『日本における農民戦争』『親鸞と東国農民』『一向一揆の研究』『真宗における異端の系譜』などの研究書を矢継ぎ早に完成されていた。当時この方面では研究・論争が盛んにおこなわれていて、本書はその中での緻密な専門研究を踏まえて執筆されたのである。

本書は、まず平安時代から鎌倉時代への政治史上の転換、身分制社会の重たい背景の中での末法思想を説明し、鎌倉新仏教の登場を説き、親鸞の信仰生活の鮮烈なあゆみを、パノラマのように説き進める。時々、堅い研究書とは一味異なるくだけた表現があらわれ、親鸞を身近に感じさせてくれる。

親鸞は、養和元（一一八一）年、九歳で比叡山に登って、僧侶の道に入った。当時比叡山の内部では、学侶と堂衆とが対立を深めていた。学侶は公家出身であり、著者はこれを幹部候補生になぞらえ、下士官候補生集団というべき堂衆と対比する。親鸞は、名門とは言えない公家出身で、比叡山に伝わる仏教の学問・修行に励んだが、出世コースからそれた念仏三昧堂の堂僧という役についていた。世俗の出身身分とは別の秩序があるはずの寺院の世界が、身分制社会の延長となってしまっていた。軍隊経験の言葉で例えると、その時代を経験してきた読者たちに、若い親鸞の苦悩は、特にずしりと受け止められたことであろう。

親鸞は、建仁元（一二〇一）年京都の六角堂に参籠したのを、決定的なきっかけとして、法然のもとに参じて、教えを乞うた。比叡山の学僧として令名を馳せていた法然は、専修念仏の信仰を打ち立てて吉水（よしみず）の草庵に隠棲し、社会的立場を一介の念仏行者へと転じていた。親鸞は比叡山の堂僧の立場を捨て、法然のもとで、自力の修行による救いを断念し、ひたすら阿弥陀仏の他力を信じる念仏一筋の信仰を確立した。このことの重要性は、古くから動かない定説である。

この世での煩悩の苦しみを燃やしながら、その煩悩を断ずることなく、生身のままでの救いが、阿弥陀如来によって保障されている。ただ阿弥陀如来の肝心な誓願を信じて、念仏を称（とな）えるだけで、来世は極楽浄土に生まれるという信仰である。しかも他力の信仰は、師法然の念仏も親鸞自身の念仏も同じであると言って、親鸞は法然門下の顰蹙（ひんしゅく）を買ったが、法然は親鸞に同意した。すべて阿弥陀如来の誓願のおかげなのであり、わが弟子ひとの弟子という主従関係に似た上下ではなく、「同朋」であると親鸞はいう。信心決定して以後の念仏は、阿弥陀如来への報謝の念仏とされる。また著者は、報謝のための布教を、親鸞が自らの使命としたとみる。

本書は副題に「煩悩具足のほとけ」とある。末法という時代観のなかで、すでに信仰はこの世よりも来世の比重が大きくなっていた。そこに自力への絶望を強いバネにして他力への信心が結実する。親鸞は「信心の行者には、天神・地祇も敬伏し、魔界・外道も障碍することなし。罪悪も業報も感ずることあたはず」とまでいう。本書の副題は、親鸞のこのダイナミックな転換を大胆にまとめたといえよう。親鸞自身は、これを来世において浄土に生まれることが約束された「正定聚の位」として説明する。この説明では、悟りを開き、仏となり、さらに一切衆生を利益するようになるのは来世のことであった。親鸞の教えを伝える唯円の『歎異抄』はこれを確認している。しかし「煩悩具足のほとけ」という表現は、その中に自力と他力の決定的なちがいを包み込み、さらにこの世とあの世との一線が見えにくい。

たしかに親鸞は「誠の信心のひとは、諸仏と等しい」「弥勒仏と等しい」ともいい、自作の『浄土和讃』では「信心よろこぶそのひとを、如来とひとしととききたまふ」と謳う。信心が定まる時「臨終を待つことなく」来世の往生が決まるとした、親鸞のつきつめた確信が、ここに深く関わっているのであろう。

なお六角堂で受けた示現の内容に関し、著者がここでは論及を避けているらしい問題がある。「親鸞夢記」との関連をどう見るか、多くの研究者が注目してきた。いわゆる「女犯偈」と布教の告命を含む「親鸞夢記」については、いろいろの点で諸説入り乱れていた。著者は、親鸞の公然たる妻帯の意義を重視するが、「女犯偈」を直接親鸞の結婚に結び付ける説には言及しない。この夢のテーマは色欲の悩みと布教であるが、これを親鸞の妻帯のみに結び付けてすませるわけにはいかないだろう。示現を重視したこの時代共有の、現代では社会的に評価されにくい信仰心の土壌が、親鸞をも包み込んでいたのではなかろうか。

法然門下の専修念仏が京都において目立つようになり、これを従来の仏教を否定する動きとして危険視した比叡山や興福寺が、朝廷を動かした。法然側は「七か条制戒」に有力門弟が連署するなど対応したにもかかわらず、ついに建永二（一二〇七）年念仏停止の宣旨が出、法然とその弟子計八名が流罪、四名は死罪と決定されてしまった。親鸞は越後への流罪となった。法然門下において親鸞がすでに大きな存在感をもっていたのである。

越後への流罪が赦され、建保二（一二一四）年のころ、親鸞は越後出身の妻恵信尼（えしんに）と幼子を伴い、越後から常陸への旅の途上にあって、信仰の動揺とでもいうべき経験をしている、という。著者は、社会経済史の成果にのっとり、親鸞が、京都でも越後でも見かけなかった事態、東国の下層農民が先進地と異なり、土地の耕作権も持たない生活実態を目の当たりにしたという。そして他力の信仰そのものに徹し切れなくなったのではないか、とみる。すなわち、苦しむ衆生利益のため、諸神諸仏の力をも借りたい自力の気持ちに襲われたのであろうという。このようなことが寛喜三（一二三一）年にもあった。この年は大飢饉にあたり、親鸞自身が高熱を発したさなかの時であった。そのたびすぐに肝心な他力の信仰に立ち戻ったのではあったが、著者は、それぞれの歴史的な状況と、親鸞自身の信仰の様相を重ね合わせて独特に描きだした。さらにこの信仰上の寄り道、不徹底が、宗教者の社会的責任感を表わすとして、著者がこのゆえにかえって親鸞をたたえているのが、目に留まる。

越後での農民は、京都から来た流罪の親鸞をどう受け止めたのであろうか。東国の農民はまた流罪を赦されてやってきた念仏行者の親鸞をどう受け止めたであろうか。のちに名前の出てくる門弟たちの中に、越後の人は少ないが、常陸においては、多くの人名が上がっている。著者は、その全数を推定して親鸞の常陸での布教がおおいに成果を上げたとみる。

弟子唯円の『歎異抄』は「善人なをもて往生をとぐ、いはんや悪人をや」という、親鸞の「悪人正機説」を伝える。これはまず仏教者・念仏者としての親鸞自らの内省が念頭にある。しかし東国の農民を相手にしては、罪悪深重、煩悩熾盛の衆生が、猟師・漁民・農民など、生きるためには自由に職業を選べず、殺生もせざるをえない下層身分の人々をそっくり含むことは、疑いない。また、阿弥陀如来による救いが、来世往生を保証するのはもちろんであるが、この世での現世利益をも伴うという。このおおらかさが、東国の人々の心を深くとらえたことであろう。

親鸞の作った数々の「和讃」が、紹介されている。これらの和讃は、親鸞の後に続く真宗教団が親しんできたものばかりである。著者のここまでの論述を受けて読むと大変わかりよい。教団の伝える親鸞と、歴史学の成果とが、共鳴できる場となっている。

晩年、親鸞は京都に戻った。その理由を著者は、「同朋」の連帯感を作り出した農民の集まりに対し、農村を支配する領家・地頭・名主が、念仏の妨害や禁止を行い、親鸞にも身の危険が迫ったからとみる。京都では積極的な布教活動はせず、東国の農民の問いに、手紙で答え、またわざわざ上京してくる農民に応接した。京都での親鸞の生活は、農民たちからの志の金品によったらしい。

ところが、常陸において、思わぬ波乱が生じた。しばらくしてこれが親鸞の長男善鸞の活動によることが判明した。善鸞は自分だけが、親鸞から別の教えを受けたと偽り、親鸞の門弟たちを混乱に陥れたのである。念仏禁止を望む農村支配層が、善鸞と結託したのであろう、と著者は考えている。こともあろうに善鸞は、念仏を禁止するよう鎌倉幕府に訴えてしまった。理由は、本願ぼこりによる造悪無礙である。

親鸞は、前世からの縁でやむなくおこなう悪事について、本願ぼこりのゆえに阿弥陀仏から見放されることはありえない、という。その一方で、故意に悪事をするのは、念仏する人々の障りになるから、信心を成就した者のすべきことでない、とした。さらに念仏を信じない領家・地頭・名主をも、阿弥陀如来は見捨てない、とも説く。このような論法を、親鸞は常陸の唯円と共有し、幕府での裁判はまず事なきを得た。

本書の面白さのひとつは、社会経済史研究の成果に、推察を加えて親鸞の信仰と布教活動の理解へと結び付ける、力業にあるといえよう。見方を変えれば、その後につづく研究の進展や、教学上の厳密な立場に照らす場合、異論を生ずる余地があっておかしくないことになる。

なお親鸞は、布教と並行して、自らの信心を支える経典類の抜き書きを携行し、のち『教行信証』としてまとめた。晩年京都での著作が多い。このような仏教知識人の親鸞に、どのような衣食住の日常生活があったのだろうか。都鄙（とひ）の文化的格差も大きかったことであろう。親鸞を支えたり、妨害したりした人々との日常的な関わりは、どんなだったのであろうか。そんなことが、ふと気になる。

親鸞の伝記を、教団の布教の立場から一歩距離をおいてする歴史学的な研究は、明治時代からはじまった。特に戦後は、社会経済史の研究が進み、新たな資料の発見もあり、真摯な研究論争が積み重ねられた。ただし本書は、逐一論争をたどることはせず、著者の構想によってまとめられている。本書の親鸞は、戦後の政治・社会に対する強い関心を帯びている。その熱気と学問上の客観性とが一つのバランスをなした記念すべき成果であった。

（駒沢女子大学名誉教授・泉龍寺仏教文庫館長）

本書の原本は、一九七三年に日本放送出版協会より刊行されました。
なお復刊に際して挿図写真は一部を除き省略いたしました。

著者略歴
一九一六年　長野県に生まれる
一九四一年　東京帝国大学文学部国史学科卒業
東京大学史料編纂所助教授、同大学教養学部教授、放送大学教授、日本文化研究所長などを歴任、文学博士
二〇〇六年　没

〔主要著書〕
『親鸞と東国農民』（山川出版社、一九五七年）、『一向一揆の研究』（山川出版社、一九六二年）、『蓮如』（吉川弘文館、一九六三年、講談社学術文庫、一九九六年）、『女人往生思想の系譜』（吉川弘文館、一九七五年）、『親鸞と蓮如』（評論社、一九七八年）

読みなおす日本史

親鸞
煩悩具足のほとけ

二〇二三年（令和五）十月一日　第一刷発行

著　者　笠原一男（かさはらかずお）
発行者　吉川道郎
発行所　株式会社吉川弘文館
郵便番号一一三―〇〇三三
東京都文京区本郷七丁目二番八号
電話〇三―三八一三―九一五一〈代表〉
振替口座〇〇一〇〇―五―二四四
http://www.yoshikawa-k.co.jp/
組版＝株式会社キャップス
印刷＝藤原印刷株式会社
製本＝ナショナル製本協同組合
装幀＝渡邉雄哉

© Takahashi Michiko 2023. Printed in Japan
ISBN978-4-642-07529-9

JCOPY 〈出版者著作権管理機構　委託出版物〉
本書の無断複写は著作権法上での例外を除き禁じられています．複写される場合は，そのつど事前に，出版者著作権管理機構（電話 03-5244-5088，FAX 03-5244-5089，e-mail: info@jcopy.or.jp）の許諾を得てください．

刊行のことば

現代社会では、膨大な数の新刊図書が日々書店に並んでいます。昨今の電子書籍を含めますと、一人の読者が書名すら目にすることができないほどとなっています。ましてや、数年以前に刊行された本は書店の店頭に並ぶことも少なく、良書でありながらめぐり会うことのできない例は、日常的なことになっています。

人文書、とりわけ小社が専門とする歴史書におきましても、広く学界共通の財産として参照されるべきものとなっているにもかかわらず、その多くが現在では市場に出回らず入手、講読に時間と手間がかかるようになってしまっています。歴史の面白さを伝える図書を、読者の手元に届けることができないことは、歴史書出版の一翼を担う小社としても遺憾とするところです。

そこで、良書の発掘を通して、読者と図書をめぐる豊かな関係に寄与すべく、シリーズ「読みなおす日本史」を刊行いたします。本シリーズは、既刊の日本史関係書のなかから、研究の進展に今も寄与し続けているとともに、現在も広く読者に訴える力を有している良書を精選し順次定期的に刊行するものです。これらの知の文化遺産が、ゆるぎない視点からことの本質を説き続ける、確かな水先案内として迎えられることを切に願ってやみません。

二〇一二年四月

吉川弘文館

読みなおす日本史

時計の社会史　角山 榮著　二二〇〇円

漢 方 中国医学の精華　石原 明著　二二〇〇円

墓と葬送の社会史　森 謙二著　二四〇〇円

悪 党　小泉宜右著　二二〇〇円

戦国武将と茶の湯　米原正義著　二二〇〇円

大佛勧進ものがたり　平岡定海著　二二〇〇円

大地震 古記録に学ぶ　宇佐美龍夫著　二二〇〇円

姓氏・家紋・花押　荻野三七彦著　二四〇〇円

安芸毛利一族　河合正治著　二四〇〇円

三くだり半と縁切寺 江戸の離婚を読みなおす　高木 侃著　二四〇〇円

太平記の世界 列島の内乱史　佐藤和彦著　二二〇〇円

白 隠 禅とその芸術　古田紹欽著　二二〇〇円

蒲生氏郷　今村義孝著　二二〇〇円

近世大坂の町と人　脇田 修著　二五〇〇円

キリシタン大名　岡田章雄著　二二〇〇円

ハンコの文化史 古代ギリシャから現代日本まで　新関欽哉著　二二〇〇円

内乱のなかの貴族 南北朝と「園太暦」の世界　林屋辰三郎著　二二〇〇円

出雲尼子一族　米原正義著　二二〇〇円

富士山宝永大爆発　永原慶二著　二二〇〇円

比叡山と高野山　景山春樹著　二二〇〇円

日 蓮 殉教の如来使　田村芳朗著　二二〇〇円

伊達騒動と原田甲斐　小林清治著　二二〇〇円

吉川弘文館
（価格は税別）

読みなおす
日本史

地理から見た信長・秀吉・家康の戦略　足利健亮著　二二〇〇円
神々の系譜 日本神話の謎　松前　健著　二四〇〇円
古代日本と北の海みち　新野直吉著　二二〇〇円
白鳥になった皇子 古事記　直木孝次郎著　二二〇〇円
島国の原像　水野正好著　二四〇〇円
入道殿下の物語 大鏡　益田　宗著　二二〇〇円
中世京都と祇園祭 疫病と都市の生活　脇田晴子著　二二〇〇円
吉野の霧 太平記　桜井好朗著　二二〇〇円
日本海海戦の真実　野村　實著　二二〇〇円
古代の恋愛生活 万葉集の恋歌を読む　古橋信孝著　二四〇〇円
木曽義仲　下出積與著　二二〇〇円

足利義政と東山文化　河合正治著　二二〇〇円
僧兵盛衰記　渡辺守順著　二二〇〇円
朝倉氏と戦国村一乗谷　松原信之著　二二〇〇円
本居宣長 近世国学の成立　芳賀　登著　二二〇〇円
江戸の蔵書家たち　岡村敬二著　二四〇〇円
古地図からみた古代日本 土地制度と景観　金田章裕著　二二〇〇円
「うつわ」を食らう 日本人と食事の文化　神崎宣武著　二二〇〇円
角倉素庵　林屋辰三郎著　二二〇〇円
江戸の親子 父親が子どもを育てた時代　太田素子著　二二〇〇円
埋もれた江戸 東大の地下の大名屋敷　藤本　強著　二五〇〇円
真田松代藩の財政改革 『日暮硯』と恩田杢　笠谷和比古著　二二〇〇円

吉川弘文館
（価格は税別）

読みなおす
日本史

日本の奇僧・快僧　今井雅晴著　二二〇〇円
平家物語の女たち　大力・尼・白拍子　細川涼一著　二二〇〇円
戦争と放送　竹山昭子著　二四〇〇円
「通商国家」日本の情報戦略　領事報告を読む　角山 榮著　二二〇〇円
日本の参謀本部　大江志乃夫著　二二〇〇円
宝塚戦略　小林一三の生活文化論　津金澤聰廣著　二二〇〇円
観音・地蔵・不動　速水 侑著　二二〇〇円
飢餓と戦争の戦国を行く　藤木久志著　二二〇〇円
陸奥伊達一族　高橋富雄著　二二〇〇円
日本人の名前の歴史　奥富敬之著　二四〇〇円
お家相続　大名家の苦闘　大森映子著　二二〇〇円
はんこと日本人　門田誠一著　二二〇〇円
城と城下　近江戦国誌　小島道裕著　二四〇〇円
江戸城御庭番　徳川将軍の耳と目　深井雅海著　二二〇〇円
戦国時代の終焉　「北条の夢」と秀吉の天下統一　齋藤慎一著　二二〇〇円
中世の東海道をゆく　京から鎌倉へ、旅路の風景　榎原雅治著　二二〇〇円
日本人のひるめし　酒井伸雄著　二二〇〇円
隼人の古代史　中村明蔵著　二二〇〇円
飢えと食の日本史　菊池勇夫著　二二〇〇円
蝦夷の古代史　工藤雅樹著　二二〇〇円
天皇の政治史　睦仁・嘉仁・裕仁の時代　安田 浩著　二五〇〇円
日本における書籍蒐蔵の歴史　川瀬一馬著　二四〇〇円

吉川弘文館
（価格は税別）

読みなおす日本史

鎌倉幕府の転換点 『吾妻鏡』を読みなおす　永井　晋著　二二〇〇円
奈良の寺々 古建築の見かた　太田博太郎著　二二〇〇円
日本の神話を考える　上田正昭著　二二〇〇円
信長と家康の軍事同盟 利害と戦略の二十一年　谷口克広著　二二〇〇円
軍需物資から見た戦国合戦　盛本昌広著　二二〇〇円
武蔵の武士団 その成立と故地を探る　安田元久著　二二〇〇円
天皇家と源氏 臣籍降下の皇族たち　奥富敬之著　二二〇〇円
卑弥呼の時代　吉田　晶著　二二〇〇円
皇紀・万博・オリンピック 皇室ブランドと経済発展　古川隆久著　二二〇〇円
日本の宗教 日本史・倫理社会の理解に　村上重良著　二二〇〇円
戦国仏教 中世社会と日蓮宗　湯浅治久著　二二〇〇円

伊達政宗の素顔 筆まめ戦国大名の生涯　佐藤憲一著　二二〇〇円
武士の原像 都大路の暗殺者たち　関　幸彦著　二二〇〇円
海からみた日本の古代　門田誠一著　二二〇〇円
鳴動する中世 怪音と地鳴りの日本史　笹本正治著　二二〇〇円
本能寺の変の首謀者はだれか 信長と光秀、そして斎藤利三　桐野作人著　二二〇〇円
餅と日本人 「餅正月」と「餅なし正月」の民俗文化論　安室　知著　二四〇〇円
古代日本語発掘　築島　裕著　二二〇〇円
夢語り・夢解きの中世　酒井紀美著　二二〇〇円
食の文化史　大塚　滋著　二二〇〇円
後醍醐天皇と建武政権　伊藤喜良著　二二〇〇円
南北朝の宮廷誌 二条良基の仮名日記　小川剛生著　二二〇〇円

吉川弘文館
（価格は税別）

読みなおす日本史

境界争いと戦国諜報戦　盛本昌広著　二二〇〇円

邪馬台国をとらえなおす　大塚初重著　二二〇〇円

百人一首の歴史学　関　幸彦著　二二〇〇円

江戸城　将軍家の生活　村井益男著　二二〇〇円

沖縄からアジアが見える　比嘉政夫著　二二〇〇円

海の武士団　水軍と海賊のあいだ　黒嶋　敏著　二二〇〇円

呪いの都　平安京　呪詛・呪術・陰陽師　繁田信一著　二二〇〇円

平家物語を読む　古典文学の世界　永積安明著　二二〇〇円

坂本龍馬とその時代　佐々木　克著　二二〇〇円

不動明王　渡辺照宏著　二二〇〇円

女人政治の中世　北条政子と日野富子　田端泰子著　二二〇〇円

大村純忠　外山幹夫著　二二〇〇円

佐久間象山　源　了圓著　二二〇〇円

源頼朝と鎌倉幕府　上杉和彦著　二二〇〇円

近畿の古墳と古代史　白石太一郎著　二四〇〇円

東国の古墳と古代史　白石太一郎著　二四〇〇円

昭和の代議士　楠　精一郎著　二二〇〇円

春日局　知られざる実像　小和田哲男著　二二〇〇円

伊勢神宮　東アジアのアマテラス　千田　稔著　二二〇〇円

中世の裁判を読み解く　網野善彦・笠松宏至著　二五〇〇円

アイヌ民族と日本人　東アジアのなかの蝦夷地　菊池勇夫著　二四〇〇円

空海と密教　「情報」と「癒し」の扉をひらく　頼富本宏著　二二〇〇円

吉川弘文館
（価格は税別）

読みなおす日本史

石の考古学　奥田　尚著　二二〇〇円

江戸武士の日常生活 素顔・行動・精神　柴田　純著　二四〇〇円

秀吉の接待 毛利輝元上洛日記を読み解く　二木謙一著　二四〇〇円

中世動乱期に生きる 一揆・商人・侍・大名　永原慶二著　二二〇〇円

弥勒信仰 もう一つの浄土信仰　速水　侑著　二二〇〇円

親　鸞 煩悩具足のほとけ　笠原一男著　二二〇〇円

道と駅　木下　良著　（続　刊）

道　元 坐禅ひとすじの沙門　今枝愛真著　（続　刊）

江戸庶民の四季　西山松之助著　（続　刊）

吉川弘文館
（価格は税別）